父亲是孩子的

独立宣言，

是孩子自我价值、品行和

未来两性关系的塑造者，

更是孩子

一生成长的引路人！

好爸爸给孩子的25堂人生必修课

HAO BABA GEI HAIZI DE
25 TANG RENSHENG BIXIUKE

刘金石 著

南方日报出版社
NANFANG DAILY PRESS
中国·广州

图书在版编目（CIP）数据

好爸爸给孩子的25堂人生必修课 / 刘金石著. — 广州：南方日报出版社，2019.12（2024.4重印）

ISBN 978-7-5491-2153-3

Ⅰ. ①好… Ⅱ. ①刘… Ⅲ. ①家庭教育 Ⅳ. ①G78

中国版本图书馆CIP数据核字（2019）第282483号

HAO BABA GEI HAIZI DE 25 TANG RENSHENG BIXIU KE

好爸爸给孩子的 25 堂人生必修课

著　　者： 刘金石
出版发行： 南方日报出版社
地　　址： 广州市广州大道中 289 号
出 版 人： 周山丹
策 划 人： 柏昃霞
责任编辑： 方　明　曹　星
特约编辑： 曾巧英
责任技编： 王　兰
责任校对： 裴晓倩
整体设计： 长沙风格八号品牌设计有限公司
经　　销： 全国新华书店
印　　刷： 湖南品悟纸品包装科技有限公司
开　　本： 710 mm × 1000 mm 1/16
印　　张： 14.25
字　　数： 140 千字
版　　次： 2019 年 12 月第 1 版
印　　次： 2024 年 4 月第 7 次印刷
定　　价： 50.00 元

投稿热线：（020）87360640　读者热线：（020）87363865

发现印装质量问题，影响阅读，请与承印厂联系调换。

推荐序

愿天下因父亲而美丽

当金石老师与我分享他准备写一本关于爸爸如何引领孩子的书，我心中一热。从事家庭教育多年，本人多么期望更多的爸爸能够携手太太一同走进课堂。我看着一位位着急期望先生改变的太太，我看到了母亲的无奈与艰辛，同时也看到了父亲在当今社会的不容易。天下有哪位父亲不想多陪伴自己的孩子，哪位父亲不想在家里享受天伦之乐？可是在现代的社会分工里要做好身份与角色的平衡显然是不容易的，这里面蕴含着更大的智慧。

这本书应该说是送给天下不容易的父亲的一本书。

他们可能没有太多的时间陪伴孩子，却又如此爱着家人。当然也许太太不这么认为，因为写这段序的人就是一位父亲，哈哈！

作为一位父亲，我非常理解男人在教育孩子问题上的纠葛。什么纠葛呢？不知道，因为女人的心有时我也不太懂。（温馨提示：我不是这本书的作者，我只是一位作序者，我也一直在学习如何做一位更好的父亲。）

也许你的太太会把这本书送给你，当然也许是你自己要看的，都不重要。最重要的是，你是一位父亲。我们可以为家人遮风挡雨，做尽我们能做的。不过有一天有人依然会说你不负责。没关系！别人也许不懂我们，但我们可要懂别人，这是我们对自身的要求，也是社会对我们男人的要求。

也许我们会经常希望，我的孩子是如何如何的负责任，如何的独立、自信、阳光、爱学习、有思想，等等。可是我们也许并没有意识到，“你是好人，你的孩子知道吗？”我们在外面的形象可能就是我刚才说的如何如何的负责任，如何的独立、自信、阳光、爱学习、有思想，等等，可是孩子都知道吗？很多时候我们把最好的留在了外面，却把最不好的留在了家里。我并不是说所有父亲都是这种情况，而是想表达——

如果父亲缺位，缺的不是这个人，是我们在孩子心中的位置。不管平时我们有没有常常陪伴孩子，我们需要留意的是我们在孩子心中的位置，这不仅关乎我们是否得到孩子对我们的理解，更关乎孩子内心的成长与力量。多年的家庭教育研究，我看到太多的青少年问题及成人的犯罪，多么的渴望“家庭教育需要家庭所有成员的参与”这一理念被广泛认知。

本书中提到了孩子的人生方向、品格、社交、心灵等重要话题，如果有了父亲的位置，孩子的人生会有大大的不同。我期望有一天，作者可以创作一首名为《世上只有爸爸好》的歌，哈哈！

历史上最有影响力的家族都是至少有一位形象高大的父亲的，如果母亲是照顾好家里的，那么父亲一定就是那个照顾好整个家族的。父亲如天，给孩子希望、空间与自由；父亲又如地，给孩子温暖、可靠与力量。俗话说男人顶天立地，讲的不就是男人是靠山、是力量吗？愿天下因父亲而美丽！

林青贤（字：恒辰）

2019 年 11 月 7 日

推荐序

翻越父亲这座高山

10月的北京，收获的季节。首先，我要恭喜好友金石老师的新书《好爸爸给孩子的25堂人生必修课》出版。

这20年，我也经常在舞台上传播教育理念，见过的老师不计其数。可是，像金石老师这样敬业的老师，还是为数不多的。初见金石老师是两年前，我应邀观摩一下他讲的父母专业课，他讲的内容我至今记忆犹新，就如本书一样，谈笑风生，幽默智慧，案例生动，启发人心。尤其是金石老师的声音，相当具有穿透力，圆润的金石之声，透出男人的智慧与坚毅，深沉的大爱可以疗愈人内心的一切创伤，持久的耐心把传道变成一股清泉，能让人感受到滋润心田的涓涓细流，这样的传道解惑就像一种高超的艺术，实在太难得了！

“锲而不舍，金石可镂。”金石老师人如其名，是一位名副其实的教育专家。台上一分钟，台下十年功。任何人没有刻苦的努力和大量的积累，都不可能把教育这件事做好。而我读完这本《好爸爸给孩子的25堂人生必修课》，也得到了特别多的启发。

第一，这本书内容充实，教育理念和方向十分明确。

第一章人生方向，是教育最重要的理念，梳理得如此清晰，非常难能可贵。

第二章品格塑造，是教育的基石，过去很少受到重视，本书"掰开了，揉碎了"，用浅显的语言，鲜活的故事让人容易理解和消化吸收。

第三章规则建立，是教育的难点和重点，一个孩子有爱又有规则意识，就能一生自由，能量满满，所向无敌。

第四章社会交往，是与时俱进的创新课，新时代更需要合作，需要有团队精神，有良好的社会关系与人脉才能成就事业。

第五章心态养成，是本书的灵魂，也是教育的灵魂，因为"心态决定命运"。

第二，这本书里记载的是实战派的老师和大爱的父亲走过的足迹。

我经常问一些父母："书本上的是知识吗？"

大部分人回答不出来，有的说：“是。”有的说：“不是知识是什么？”

我说：“不是。”

是“符号”。中国人用汉字符号，而欧美用英文符号，人类用符号来记载知识。

所以，传统的学校教育分5个步骤——认清符号，死记硬背，应付考试，崇尚分数，毕业发证。

而卓越教育也分5个步骤——认清符号，理解含义，还原生活，印证真伪，总结升华。

很显然，金石老师的著作是“印证真伪，总结升华”后的经验，是真知识！因为，毛主席说“实践出真知”，所有能用来教育孩子的理念和方法，必须经过实践的检验，甚至经过几千年，上百年的检验，才能称为大道！

第三，这本书是可以打动人心、有教育情怀的好书。

看这本书的时候，我是为了写序而读，读的过程中我渐渐被书中的内容和好父亲的情怀吸引，“父爱如山”就是此书之魂！

此书既是作者践行父爱的总结和分享，也是唤醒天下所有父亲的自鸣钟，“十年树木，百年树人”，任何一个人才的成长都离不开父亲的欣赏、鼓励、引导、训练与规范。

父亲用心血和智慧，甚至汗水与血水，托起孩子成长的高山，这座山不是金山银山，是品格家风之山，是梦想与拼搏的高山，更是实现人生意义的珠穆朗玛峰，是一代又一代的传承与超越，是下一代的标杆，让一代更比一代卓越。

我去英国剑桥演讲时，发现剑桥精神就 4 个字——“追求卓越”，而解释“追求卓越”也只有 6 个字——“设定最高标准”，这也是这本书的精神内核。

教育工作是世界上最复杂的工作，也是最有意义的工作。金石老师是教育工作者的榜样，用生命写书，用使命写书，用梦想来写书！他想让千千万万的孩子都能在父亲的肩膀上接收到大爱的阳刚之气，站在父亲这座高山上放眼未来，从而翻越父亲这座高山。

中源（爱商学院院长）

2019 年 10 月 31 日　北京通州

自序

高质量的陪伴

作为一名有 3 个孩子（两儿一女）的父亲，我期待能有更多时间陪伴孩子健康长大，但作为一名家庭教育工作者，因为需要经常去全国各地讲课和学习，其实陪伴孩子的时间也不多。记得有一次，我问年龄最大的孩子：“如果满分是 10 分，你给爸爸打分，你会打多少分呢？”孩子认真地回答：“我给你打 9 分。”我又好奇地问：“那我怎样才可以得 10 分呢？”“你多陪陪我。”孩子用明亮的眸子注视着我，或许是从我的眼神中读到了一丝无奈，他又笑着说，“爸，虽然你平常陪我的时间不多，但你给我的都是高质量的陪伴啦！”

高质量的陪伴——我觉得这是我从孩子那里得到的最大的肯定与鼓励！也是我创作此书的初衷——我想为那些工作繁

忙，没有太多时间陪伴孩子，但又和我一样关心孩子身心健康成长的父亲们写一本书。

那么，作为一名父亲，我们如何运用有限的时间，高质量地陪伴孩子？

我们应从哪些方面去培养和造就孩子？

“父教（父亲带孩子）”相较于“母教（母亲带孩子）”会有哪些不可替代性？

我们知道，因心理和生理的原因，父亲在孩子心目中往往是力量和勇气的化身，会给予孩子一种阳刚、大气的熏陶，让他们看事情有大视野、大格局，对生活大方向的把握更加到位。

因此，我结合学习中的心得、授课中的感悟、实践中的发现，将父亲对孩子的重要影响总结为 5 个方面，分 25 个要点分享给读者，以期读者从小故事中领悟大智慧，它们分别是：

1. 人生方向：提升孩子的人生格局，明确志向（梦想），引导孩子脚踏实地实现人生目标，同时帮助孩子建立高自我价值和性别认同。

2. 品格塑造：培养孩子包括正直、善良、独立、担当、诚信等在内的一系列优良品格。

3. 规则建立：建立孩子清晰的边界意识，培养敬畏感。

4. 社会交往：培养孩子社会交往、合作的意识和能力。

5. 心态养成：让孩子拥有觉察、转换、主动、自控、放下等心态。

本书主要以一系列故事和案例为依据，突显父亲在以上方面的引领作用，期待各位有远见、爱家庭、爱学习、有担当的父亲能从中收获一些有效的育儿方法或心得体会。各位父亲还可以在晚上安排出一段亲子阅读时间，与孩子分享各篇章中包含的一些故事，问问孩子的感受，增进亲情。

本书的面世，首先要感恩我的师父——爱自然生命力体系创始人林青贤先生的教诲与支持，是他引领我走上家庭教育之路，通过参加他研发并讲授的父母专业课、父母教练课、人生导师班，我吸收到很多生动而贴近生活的家庭教育智慧，也运用在本书的案例中。

同时，我要感恩朱晓平、柏炅霞、柏沐芸三位老师，是他们的支持与鼓励，使我萌发创作此书的灵感，并且在成书的过程中，因为获得他们给予的建议与意见，本书的内容才更加充实和完整。

我还要特别感谢我家人的支持——父母、爱人和我的3

个孩子，是他们给予我很多生活感悟才有了书中的大量素材（因为两个孩子尚幼，书中我使用的是和大儿子峻豪的案例）。我常常在想，将本书的一些观念作为家训，或许会成为我们家的“传家宝”，变成一笔不菲的精神财富。

谨以此书送给我敬爱的父亲，虽然他在几年前因病离开了我，但我正是从他身上开始学习如何当好一名父亲，我相信本书的成稿是送给他最好的一份礼物。

作为本人“阳光父爱”系列丛书的第一部，本书尚有很多不完美的地方，欢迎您批评指正书中观点，更感恩您的接纳。

总而言之，带着不完美出发的我，愿以此书与您结缘，共同陪伴孩子们健康成长。

刘金石

2019 年 10 月 22 日

目录

引言

做孩子成长的引路人

从人类生物学的角度而言，我们都知道父亲是必不可少的，但从整个社会的角度来看，父亲这一重要的角色却常常被看成是生儿育女的局外人。日常生活当中，我们不难看到，有些父亲忙于工作而很少参与孩子的养育，从而导致孩子依恋母亲，对父亲敬而远之。其实，有很多成功案例向我们展示了一个男人做“好父亲”与“忙工作”间并不冲突。曾国藩是其中的典范。

曾国藩（1811—1872）是中国历史上最有影响力的人物之一，他 37 岁任礼部侍郎，后任总督，任大学士，直到封侯拜相，在政治、军事、文化、经济等各个领域都有独到的见解。

常言道“富不过三代”，但据调查，曾国藩及其四兄弟家族，绵延至今 190 余年间，共出有名望的人才 240 余人，没有出一个纨绔子弟。如此长盛兴旺之家，在古今中外皆属罕见。其原因当归于曾国藩的教子有方：他虽身居要职，公务繁忙，长年在外，无法经常督促子女，但无论工作怎样忙，他都不忘教育子女，“写信”成为他教育子女的重要手段，即使工作到深夜，他也要抽空阅读子女书信。曾国藩在家中是长子，他的教育思想对其兄弟及子女都有很深的影响。长子纪泽精通诗文书画，在清朝末年，他自己刻苦学习英语，成为一名出色的外交官。在处理西北边境危机中，曾纪泽凭其斗志和谈判艺术舌战强敌，从沙俄口中夺回了伊犁城，取得清末外交史上唯一的胜利。次子纪鸿喜爱自然科学，在数学研究上造诣更深，只可惜英年早逝。难得的是不仅其子成才，其孙辈曾宝荪、曾约农等也都成为教育家和学者。至今，曾国藩的家教家风仍令人称颂。

我们相信，大多数父亲都爱孩子，但常常陷入一个误区，认为竭力打拼，为孩子带来优渥的生活条件就是做父亲的全部责任。然而，事实并非如此。无数案例说明，父亲对孩子最大的意义并非外在的物质保障，而是内在的精神引领及教育孩子正确的为人处世之道；父亲传承给孩子的最重要的不是拼搏事业的成果，而是面对梦想及事业时不屈不挠、一往无前的精神。

“授人以鱼，不如授人以渔”，作为父亲，带给孩子精神财富才是最难能可贵的。

著名商业大亨巴菲特曾表示，他将放弃自己99%的财富，其中83%捐赠给盖茨基金会。因为在巴菲特看来，能够用金钱购买到的外在的东西，随时都可能消失，而只有给予孩子内在的品质，才是一生享用不完的财富。金钱只是一种工具，这个工具很重要，但是不会使用，就会变成金匕首。

对于父亲在家庭教育中的作用，东西方观念有很多相似之处。

中国传统文化认为“养不教，父之过”。

在中国文字演变过程中，我们就能看到父亲的重要意义。“父”字在历史上的演变是这样的：

一个人手持一柄石斧，是“父”字最早的原型，它有两种寓意：1. 辛勤劳作的人；2. 最伟大、最值得敬重的人。

鲁迅先生在《热风·随感录二十五》中提到，中国的父亲要做

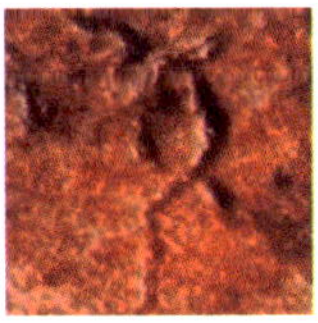

“父”字的历史演变

父亲积极参与家庭教育对孩子身心健康发育具有极其重要的意义。

“人”之父，“生了孩子，还要想怎样教育，才能使这生下来的孩子将来成一个完全的人”。鲁迅先生这里所说的“完全的人”，指的是身心健康、人格健全的人。

而西方“精神分析社会学”的奠基者之一埃里希·弗罗姆也在其《爱的艺术》中用这样一段话来形容父母之爱的不同：“母亲就是生养我们的家，她就是自然，她就是土地，她就是海洋；父亲不能代表这种自然的家。……但是，固然父亲代表不了自然世界，可是他代表人类生存的另一个不同的方面；那就是思想的世界、人造物的世界、治安的世界、戒律的世界、走东闯西与冒险的世界。父亲是儿女的教育者，是儿女走向世界的指路人。”也就是说，母亲影响孩子的情感世界，父亲影响孩子的社会能力。

父亲积极参与家庭教育对孩子身心健康发育具有极其重要的意义。

研究发现，幼儿时期是成长过程中的关键时期，意大利教育家蒙台梭利就曾指出：孩子在 3 岁前吸收、获得的知识，相当于大人花 60 年拼命苦学所获得的量的总和。在 3 岁以前，孩子的脑神经就已经完成了 60% 的配线工作，这个时候的孩子会以惊人的速度将看到、听到及接触到的事物一一吸收。因此，父母（尤其是父亲）如果能够抓住这一时机在道德及智力上给孩子以正确的启发和引导，必然对孩子的将来助益无穷。毕竟，现代的科学育儿观念所强再好的母亲也无法完全替代一个好父亲对于孩子的影响。

调的是亲子依恋，而不是单纯的母子依恋。幼教专家经过大量研究指出，父爱虽然有时显得“大大咧咧”，甚至会带给孩子一些磨炼和冒险，但提供了孩子个性成长所需要的空间。

另外，父亲教育孩子时要比母亲具有更强的目的性，他们会有步骤地启发和引导孩子，使孩子的思维更活跃、敏捷。母亲在下班回家后，一般是对孩子的生活更感兴趣，她们会嘘寒问暖，生怕孩子哪里不舒服或缺少什么；而父亲的介入可以大大提高孩子的思维能力和创造能力，使得他们长大后更自信，对学习和工作更加认真、负责和持之以恒，孩子今后成功的可能性也会越大。

因此，我们常说：再好的母亲也无法完全替代一个好父亲对于孩子的影响。

正如著名心理学家格尔迪所说：“父亲是一种独特的存在，对培养孩子有一种特别的力量。”如果说母亲教会孩子如何与人建立亲密关系，那么父亲则以自身言行，增强孩子的内在力量，教会孩子如何脱离依赖走向独立，并通过遵循社会道德规范，进而建立起与他人的社会协作关系。从父亲身上，孩子观察到什么是“男人”“丈夫”和“父亲”，进而建立自己的性别认同及发展出未来的两性关系模式。

可以说，父亲是孩子的“独立宣言”，是孩子自我价值、品行和未来两性关系的塑造者，更是孩子一生成长的引路人！

明代思想家王阳明先生曾说：

“志不立，天下无可成之事。”

人的志向易受家庭环境，

特别是父亲的格局的影响。

因此，父亲对孩子最好的教育，

莫过于用自己的人格魅力、思想方式、

对待世界的态度去感染孩子。

所谓“格局”，“格”是人格，

“局”是眼界、胸怀。

伟大的父亲，一定是孩子的引路人、

思想的奠基人。

第一章

人生方向

RENSHENG
FANGXIANG

第 1 课

以终为始

——教孩子用长远目光看人生

父母专业课上，妈妈们经常会问我一些有关孩子养育的问题，绝大多数与孩子的行为习惯有关，似乎大家总想学会一招半式，去“搞定”孩子。当然，也有一些父母，他们希望让孩子意识到，读书是为自己，不是为父母，只有现在好好读书，今后才能进好的大学，才能找到好的工作，过上好的生活。

我感受到他们对孩子的那份“爱”，以及“爱”背后那份焦虑与恐惧：仿佛他们一放手，孩子就会无法无天，孩子的一生就毁掉了，而这会让他们感到自己的人生很失败。

然而，在一次父母课程中，一位爸爸的提问让我有了耳目一新的感觉，他问道：“我要如何用‘终局思维’来培养孩子呢？”一听到“终局思维”这个词，我好奇地问：“请问您如何定义‘终局思维’呢？”他说：“我想表达的意思是：明明知道人生无论多么辉煌或者平凡，最终我们都将无法逃脱死亡，那我女性偏感性，容易被琐事及情绪牵绊；男性偏理性，容易聚焦在现象背后的规律。

现在该如何去培养这个孩子？”

这个问题让我深受启发，我觉察到男性和女性在家庭教育思维方式上的一些不同：女性偏感性，容易被琐事及情绪牵绊；男性偏理性，容易聚焦在现象背后的规律。

或许这是因为妈妈们一般负责照顾孩子的饮食起居、生活作息，因此思考的问题通常是：如何改掉孩子的坏习惯，让孩子有个好成绩？如何让家庭关系变和谐？再远一点是：如何让孩子去个好的学校，选个好专业，将来找一份好的工作，找个好伴侣，生个好孩子？……如此也就皆大欢喜。但因为类似的问题实在太多，且随着孩子年龄增长，会产生一系列新问题，所以妈妈们（或更贴近孩子生活的一方）更容易焦虑。

而有一部分爸爸（当然也有一些妈妈）虽然表面上没有关注孩子的生活细节，却在思考另一个长远问题：人活着的意义是什么，也就是我们常说的人生观，以及如何在这种人生观的指引下，教育孩子——这也可以理解为我们在家庭教育中的“终局思维”。

“终局思维”是阿里巴巴曾鸣教授提出的一种思维方式。

以我的理解，通俗地讲，假设我们能活 100 岁，而现在我们已经 40 岁，也许我们会为眼前的“一地鸡毛”烦恼：上有老，下有小，工作虽不如意，却不得不做，因为要还房贷、车贷。

具有"终局思维"的父亲，就像一位传道者，他的思维、语言和行为模式将会传递给孩子生命的意义和价值。

我们一方面抱怨，终日繁忙，无法实现自己的梦想；一方面玩着手机，打着游戏，追着网剧……希望用短时间的感官快乐，麻痹自己紧绷的神经。

日子就这样一天一天悄然流失，60年时光转瞬即逝，就在我们行将就木的那一刻，我们祈愿：如果人生能够重来一次，我们一定会换一种方式度过此生。

上苍感念我们的真诚，给了我们一次"重生"的机会，一瞬间让我们回到60年前的今天。

试问，此时我们还会再为眼前那些鸡毛蒜皮的小事而忧心忡忡吗？还会纠结孩子一次考试的分数高低吗？还会为琐事与伴侣争吵吗？

或许，我们会思考：如果终将面对死亡，那么我们应如何过好这一生？又如何引领孩子过好这一生？

具有"终局思维"的父亲，就像一位传道者，他的思维、语言和行为模式将会传递给孩子生命的意义和价值。这种"以终为始"的格局也将决定我们的教育布局，进而影响甚至改变孩子的人生结局。

日本著名企业家稻盛和夫先生曾在他所著的《活法》中提出："人生的意义在于'提升心性，磨炼灵魂'。"他经常会说希望他自己“在死的时候，灵魂比生的时候更纯洁一点”。他说，人活着就是要让自己越来越美好。为此，他设计了著名的“人生成功方程式”：

人生结果	=	思维方式	×	热情	×	能力
		−100—+100		0—100		0—100

这个方程式说明“人生”是由思维方式、热情、能力三要素的乘积决定的。

稻盛先生把思维方式放第一位，之所以如此强调它的重要性，是因为它决定了人生的结果：思维方式有正负，从 −100 分到 +100 分，而热情和能力，则都是从 0 分到 100 分。三要素是相乘的关系，如果思维方式的方向错了，就是负值，那结果就一定是负值。很多才华横溢而又无比努力的人，最终落了个凄惨的人生下场，或者疾病缠身，或者在监狱里度过余生，或者被处死，就是因为思维方式出了问题。这里的“思维方式”其实就是指人的心态、人生态度、人生方向。正确的思维方式通常指积极主动、有建设性、有感恩心、看到好的一面、善良、勤奋、知足等等。这也就是我们前面提到父亲引领孩子成长的方向所在。方向不对，努力白费；方向不同，孩子的人生结局就会是天壤之别。

热情就是努力，就是为之付出的程度。稻盛先生关于热情有一句话是“就像划破了血管，流出来的不是血，而是热情”，没有尽力而为，只有全力以赴。在家庭教育中，父亲需要帮助孩子树立梦想，明确目标，进而脚踏实地地专注实施，百折不挠，愈挫愈勇。

大多数人最看重的能力，稻盛先生却只把它放在了第三位。他认为能力很多是天赋的一些才华，当然也有部分是通过后天的努力得到的，但相比思维模式和热情，能力往往是不由人完全做主的。

人生由一系列的判断和选择组成，有什么样的选择就有什么样的人生。所以，如果用一句话总结这样的“终局思维”就是：方向（选择）比努力重要，努力比能力重要。正确的方向加上持续的努力，即使能力平平者也终将成功。

当一个父亲带着“终局思维”去引领孩子成长时，他会是这样的状态：

他不会纠结于孩子一次考试的分数高低，而会关注孩子的心性成长；

他不会用肢体和语言的暴力惩罚孩子的错误，而会用鼓励的话语启发孩子从错误中获得经验与教训；

他不会事必躬亲地帮助孩子解决所有问题，而会在孩子身后含着眼泪，微笑看着孩子一次次尝试，直到成功；

他不会对孩子辛苦取得的成绩故作无所谓，甚至打击、羞辱，而会用坚定的语气肯定、欣赏和赞美孩子；

他不会将自己完成不了的期待全部放在孩子身上，而会先让自己活出希望孩子成为的样子；

他不会在生活琐事中与孩子缠斗，而会在人生方向上给予孩子必要的指引。

他用自己的人生故事，教会孩子活着是为了磨炼灵魂，他让孩子感受到世间的一切问题、障碍甚至磨难，都将成为人生的助力。

有这样思想的人，他们的人生目标坚定，愈挫愈勇，不以物喜，不以己悲，即使穿梭于功名利禄之间，也不会迷失方向，并且会游刃有余。

有这样的父亲引领的孩子，即使在青少年时期展现的才能有限，但因为他拥有单纯却非常有力的行动指导——追求正确做人，他会基于良知，坚守正道。

终局思维会让孩子在关键时刻做出正确的选择，把握机会，厚积薄发，终将成大器，收获丰盛人生。

第 2 课

仰望星空

——帮孩子树立崇高志向

如果我们拿到一张白纸开始画画，我们是先想好要画什么，再开始动笔？还是先动笔，然后画到哪儿算哪儿？

如果我们准备建设房屋，我们是先画好蓝图，再开始打地基、建框架？还是拿起砖就砌，盖成什么样就算什么样？

如果我们写文章，是先形成主体思想再开始设立篇章结构？还是不管三七二十一就起笔，信马由缰地写？

…………

通常，我们都会先思考“要什么”再开始行动，这也就是我们前面说的“终局思维”。所以，父教第一要务是“立志教育”。这里的“志”，就是我们常说的“梦想”。因为和“梦想”相比，孩子考个好成绩，报个兴趣班，或者就算能进一所好点的学校，那都不过是画画中的一笔，建筑中的一砖，写作中的一字而已。

遗憾的是，我们发现，现今大多数父母都只注重孩子当下的生活、学习行为，特别是成绩，而忽略了梦想的引领。

有一个幼儿园的老师曾经向我讲过这样一件事情：有一次，他们幼儿园的老师问孩子们有什么梦想，有一个孩子说他想当老师，结果马上被另外一个孩子嘲笑，那个孩子说："我爸爸说了，现在当老师又不赚钱又辛苦，我要当就当大老板，这样可以赚很多钱！"老师听完哭笑不得。而我则暗暗为这个孩子感到担忧——从小就被爸爸灌输要当老板挣大钱，当老板挣钱固然没错，但如果一个孩子的梦想只是为自己挣大钱，那么他的私欲就会膨胀。

私欲越重，越能吞噬人心，最终很有可能毁掉一个人。如今有些成年人，一心只想挣大钱，赚快钱，不惜突破道德的底线，甚至铤而走险，最终误入歧途。

有一位中学老师在参加完父母系列课程以后，决定在她的班级组织一次"谈梦想"的班会活动，结果得到的竟然是学生的哄笑和嘘声。有个学生站起来说："老师，您就不要拿这种小儿科来忽悠我们了好吗？梦想，那不是大人们哄幼儿园孩子和小学生的把戏吗？"

其实这种观念代表了一批中学生的想法：除了为父母，为进大因为没有梦想指引，所以他们容易被游戏和各种网络“低级趣味”绑架。

学，不知道读书为什么，也没想今后要干什么。

因为没有梦想指引，所以他们容易被游戏和各种网络“低级趣味”绑架。

有人把进所好大学当成梦想，以至于有孩子进了大学就变得颓废：

没目标，没有上进心；

晚上不睡，早上不起；

四体不勤，五谷不分；

自以为是，嘴里说着诗和远方，身子永远在床上；

有了信用卡、花呗，表面透支的是钱，实际透支的是未来，透支四年，就没有了未来。

据报道，2017 年上海有 81 名大学生因学业无法过关，被集体勒令退学。《人民日报》对还在沉睡中的大学生发文怒斥：“你不失业，天理难容！”

有父母说：“等孩子大学毕业找个好单位，这总算实现梦想了吧？”遗憾的是，今天在职场上也有一群年轻人认为：

工作，不必认真，能应付上司即可；

能力，不思进取，不被炒鱿鱼就行；

至于工资，只要心怀梦想，总有一天会涨的。

根据中国老龄科研中心的统计，中国目前有 30% 的年轻人依靠“啃老”生活，65% 以上的家庭存在着“啃老”的现象。

这是为人父母者希望看到的场景吗？当然不是！

明代思想家王阳明先生曾说："志不立，天下无可成之事。"这里的"志"，包含三个内涵：

第一，有志向的人，他一定是利他的。不仅是利他，而且是利众。志向的第一条就是为了人类社会的美好生活，而不是为了自己出名得利。自私的人那不是志向，只是个人追求而已。所以，如果从小让孩子变得很自私，以后他是不可能有志向的。

第二，有志向的人，他一定是大善的。小善也可以做一个好人，但对整个社会来说，如果一个人他天资很好，应该去立大志，这样他的一生就能够得大用。日本的经营之圣稻盛和夫先生讲过："你心中描画怎样的蓝图，决定了你将度过怎样的人生。"

第三，有志向的人，他一定是爱国的。心中没有自己祖国的人，没有大志向。古有屈原"路漫漫其修远兮，吾将上下而求索"，范仲淹"先天下之忧而忧，后天下之乐而乐"；近现代有毛主席"当年忠贞为国愁，何曾怕断头"（出自《诉衷情》），周总理"为中华之崛起而读书"；今有习主席"我将无我，不负人民"。拥有家国情怀、心忧天下的人，必有大志。

我们常说"志当存高远"，然而高远志向由何而来？

首先，父亲的格局托举起孩子的志向。

人的志向易受家庭环境，特别是父亲的格局的影响。因此，父心中格局的大小决定了眼光是否长远，眼光是否长远又决定了事情的成败。

亲对孩子最好的教育，莫过于用自己的人格魅力、思想方式、对待世界的态度去感染孩子。

所谓“格局”，“格”是人格，“局”是眼界、胸怀。

伟大的父亲，一定是孩子的引路人、思想的奠基人。作为家庭列车的火车头，父亲的人品高尚、胸怀宽广，才能确保家庭的发展方向不出错。

曾国藩曾说：“谋大事者首重格局”，心中格局的大小决定了眼光是否长远，眼光是否长远又决定了事情的成败。

在家庭生活中，父亲有大格局，就是——

对于家庭未来发展有大致规划，不浑浑噩噩混日子，积极对待生活；

对待家庭的困难或变故，不退缩，乐观开朗，能够顶住压力；

对待家庭小的损失不斤斤计较，拿得起，放得下；

对待孩子教育，首重品行，其次才是能力。

其次，培养利他之心，让孩子“心中装下更多人”。

如果父母教育孩子仅仅关注自己的需求，不顾别人，必然不利于孩子立志。

“高处起点，低处呈现”，远大的志向从“小”时候树立，从“小”事情开始。

记得有一次，我带着游学营的一群孩子在国外旅行，中午吃饭的时候，服务员端上来一盘橙子作为饭后甜点，全部切好放在转盘上。当橙子转到一个孩子面前时，他毫不犹豫地把整盘橙子端下来，堂而皇之地放到自己面前，一瓣一瓣地剥着吃，根本不考虑其他的孩子能不能吃到。

当我问他：“为什么不留一些橙子放到转盘上呢？”他说：“我喜欢吃橙子，我看他们都没动，我想他们可能不喜欢吃吧，所以我拿下来自己吃。”可想而知，这个孩子在团队中很难结交到朋友。后来，其他孩子都孤立他，不跟他玩，他也感觉很孤独、无趣。

直到最后，他向我求救说没有朋友，问我怎么办。我让他试试帮助别人。从那天起，他开始帮助同学搬行李箱，协助组长打扫旅行车卫生……直到回国那天，他也交到了几个朋友。回国以后，家长开心地告诉我，感觉孩子变化很多，不仅懂得照顾妹妹，甚至在爬山的时候，还会去扶助比他小的孩子。

我很庆幸，通过让孩子经历一些小“挫折”，让孩子感悟到“利他”的重要。或许他在未来也会因此改变命运。

第三，从“小”做起。

我们常说“高处起点，低处呈现”，远大的志向从“小”时候树立，从“小”事情开始。

在一个风雪交加的夜晚，一位爸爸带着孩子开车进小区，在小区门口的时候，爸爸看到一位年老的环卫工人正在打扫卫生，便说：“看到没有？这就是不好好学习的下场，如果你不认真读书，你的未来就跟他一样！”

我们不知道孩子会不会因此认真读书，但我们可以肯定，孩子会因此瞧不起身边那些劳动者。

同样的场景，另一位爸爸却是这样说的：“孩子，你知道吗？这么冷的天，这位老爷爷还在那里辛苦地打扫卫生，因为我们的社会没有足够的经济能力养活他们，让他们老有所依。所以，孩子，你知道吗？你今天努力学习，就是为了有一天，你能为这个国家和社会，创造出更多的财富，甚至你能为这个国家制定一套完善的保障制度，让这些老人老有所依。到那时，你就是这个国家的功臣，是那个时代的英雄，我们都将以你为荣。”

当一个孩子的内心，从小装的不再是自己，而是这个社会、国家，甚至是全人类的时候，他的内心必将树立起崇高的志向。

有些爸爸可能会说：“我对孩子没有那么高的要求，若孩子从小没什么志向，长大没能为社会做出重大贡献，但他能赚钱养活自己，养活家人，难道不可以吗？”

当然不是不可以，我们从不否认任何一个劳动者通过自食其力养活家人、服务社会的这份平凡中的“伟大”，但我们通常会看到这样一种现象——

这样说的爸爸往往自己在生活中也是这样做的：一方面说自己辛苦工作忙着赚钱，但回家就是看看电视、玩玩手机、打打麻将，或者和三五好友抽抽烟、喝喝小酒，日子过得优哉游哉；另一方面又要求孩子好好读书，不玩游戏，争取考个好大学，找份好工作，不用像自己这样辛苦。

身教胜于言教，孩子从小缺乏立志熏陶，甚至从父亲的言行中感受到“其实像爸爸这样也挺好”，这将直接影响他的行动力和自我管理能力。

正所谓“取法其上，得乎其中，取法其中，得乎其下”，如果起步志向就低了，今后受社会变迁、个人天资、现实条件的限制，一生很容易荒废。

所以，作为孩子的父亲，也许无法像孩子母亲那样事无巨细地关心孩子的饮食起居、学业成绩，或者陪同、辅导他做课外题，参加各类培训班，但无论如何请关注孩子的内心有没有“装下”更多的人，有没有宏远的志向。因为，这是父教的第一要务，将影响孩子一生的高度！

第 3 课

脚踏实地

——教孩子以行动实现梦想

如果说拥有梦想是“仰望星空”，那么制定目标并坚定前行就是“脚踏实地”。在我们身边有一类人，他们很善于表达，常常说得眉飞色舞、头头是道，但因为缺乏行动力，久而久之我们会给他们一个评价——不靠谱。作为父亲，我们当然不希望孩子是这样，所以负责任的父亲会教会孩子脚踏实地地追求他们的目标。

在我读中学的时候，我们学校有一项特色教育，叫作“青少年创造发明”，担任辅导工作的是湖南省特级教师张天如先生。非常荣幸，初中时我就加入了我校青少年发明协会，获得张老师的指导。

记得那年暑假，我和几个同学天天去学校实验室里制作发明作品，每天早上，我们骑着自行车，在烈日的暴晒中前往学校，

经常刚到实验室，背上就已湿透。那时候的实验室没有空调，只能靠几台大电扇来降温，但因为在顶楼的缘故，吹来的风也是30多摄氏度的，感觉就像在沙漠中旅行。平常我们用锯子、锉子等工具加工零件外壳也就罢了，如果要用烙铁制作电路板，那更是浑身冒汗，一不小心手上还容易被烫出一个泡。

从早上八点，到晚上八点多钟，我们在实验室通常一待就是12小时，衣服汗透就脱下来吹干继续穿，经常像老铁匠一样光着膀子在那里敲敲打打（还好没有女生在场）。晚上回到家的时候，深色的衣服上常常会附着上一圈白色的汗渍。

大家可能很好奇，是什么让我们几个十几岁的中学生，可以放下暑期玩乐的时间，可以不惧烈日的炙烤，可以抵御空调和冰棍儿的诱惑，如此专注。答案就是因为我们的辅导员张老师给我们点燃了一个梦想——成为未来的发明家！而且，他比我们更辛苦——每天第一个来到实验室等我们，等到我们把一天的工作做完，他最后一个离开实验室；中午他请我们到他家吃饭，平时还为我们准备消暑降温的饮品。

作为一位男老师，他像父亲一样，不仅教会我们发明创造的思维模式和方法，更重要的是，用他的言行举止告诉我们，要成为发明家，不能只靠头脑中的奇思妙想想出来，不能靠一句句口号喊出来，更不能靠别人的嘴吹出来，要靠一笔一画画出来，一刀一刀切出来，一锯一锯割出来，一锉一锉磨出来。

记得有一次，他对我们语重心长地说，曾经有一个学生，天资好，点子多，只可惜动手能力不足，又不愿意吃苦，最后没出什么作品。言语中我们能感受到他的那份惋惜。

从那天开始，我暗下决心，一定要扎扎实实搞发明创造，通过自己的双手，将头脑中的想法变成现实中的作品，不负张老师的期待与栽培。在张老师的辅导下，中学阶段我设计制作了5项发明作品，除多次在国内和省内获奖外，还获得一次国际大奖，并拥有一项国家专利。

现在，逢年过节，我都会去给张老师拜年，不仅感恩他对我发明创造和动手能力的指导，更重要的是感恩他教会我：有任何的梦想，都需要脚踏实地、一步一步地去实现。

常言道："只有想不到，没有做不到。"很多时候不是因为我们不知道如何做，而是我们没有想或不敢想去做，惧怕辛苦，惧怕失败，担心付出得不到回报，甚至期待奇迹发生——希望天上掉馅饼。

作为一名父亲，首先就要运用自己的言行告诉孩子：任何伟大的成功，不仅需要梦想加以引导，更需要行动加以实现——合抱之木，生于毫末；九层之台，起于垒土；千里之行，始于足下。一旦父亲是力量和自律的代表，与孩子分享自己的梦想，并让孩子见证自己实现梦想，就是给孩子最好的示范。

确定目标，就开始行动。带着不完美出发，只要前行，当下的每一秒都是离梦想越来越近。正如英国文艺评论家威·赫兹里特所言：“伟大的思想只有付诸行动才能成为壮举。”

那么我们如何让孩子在梦想的指引下前行呢？

我们常说，父母是孩子最好的老师，父母的言行举止是孩子模仿和学习的对象。父亲是力量和自律的代表，与孩子分享自己的梦想，并让孩子见证自己实现梦想，就是给孩子最好的示范。

9 年前我还在从事 IT 行业，在心理学方面完全是“小白”，但基于对个人特质、兴趣及对未来长远发展的规划，我为自己设定的职业发展方向是要转行做心理咨询，并希望有一天能走上心理学讲台。

30 多岁要转行，对很多人来说充满了风险，但我始终相信，那是我要的方向，于是边工作边读书，用一年的时间，我先后考取了“国家二级心理咨询师”“国家二级婚姻家庭咨询师”，原计划从事企业心理咨询（EAP），因此后来又考了“国家一级人力资源管理师”。在考证的那段日子里，我每天下班回家就钻进书房一本一本地看培训辅导书，然后一套一套地做模拟题，把难背的内容写下来，第二天早上起来背，那个劲头都快赶上高三毕业生了。

那时候，孩子还小，他想和我玩，就跑进书房坐在我的腿上，好奇地问我在做什么。我告诉他，我在准备考试，孩子很懂事，坐了一会儿就跑到外面玩去了。后来，当我开心地拿着咨询师证回家的时候，孩子似乎从我的神情中也感受到了学习的快乐和目标达成的喜悦。所以，他从读小学一年级起，学习上就很主动，从未让我操心。

后来，当我决定从事家庭教育时，孩子问我："爸爸，你的梦想是什么？"我说："我想成为影响中国乃至世界的家庭教育专家，让更多的家庭幸福起来。"孩子问："那是不是很难？"我说："不难，我就开始讲沙龙，等我讲满100场，就可以站上全国的大舞台。"孩子说："爸爸，你加油！"

有几次，他做我沙龙的主持人，活动结束后，他问我100场沙龙讲满没有，还剩多少场。我告诉他还剩几场。他说："爸爸，你加油。你一定可以的！"

终于有一天，我讲满了100场，孩子又问我："你下一个目标是什么？"我说："我想成为中级导师，去讲主体课。"孩子说："你加油！"……后来我升为中级导师，孩子问我："你下一个目标是什么？"我说："我想成为讲专业课的高级导师。"孩子说："加油！"……

当我成为高级导师，孩子问我下一个目标是什么。我说：

与孩子分享自己的梦想，并让孩子见证我们实现梦想，

就是给孩子最好的示范。

“我想带着一群孩子走出国门，去海外游学。”孩子说：“加油，你可以的。”

当我带孩子们在美国游学的时候，孩子问我：“你下一个目标是什么？”我说：“孩子，我想把我讲课还有带团的经历写成一本书，让更多爸爸参与到孩子的成长中来。”孩子说：“加油！”

这本书也面世了。

我还在为着梦想而努力，一步一个脚印，从未放弃……当我朝着目标前进的时候，我的孩子也用行动给我回馈——他在读五年级的时候，就被我们当地的重点中学重点班提前录取。进入中学以后，有一次他的语文成绩在全年级1100多人中，排名第二。他说，他的梦想是成为一名外交家，有一天靠自己为祖国赢得荣誉！

惭愧地说，我几乎没有辅导过他做家庭作业；但骄傲地说，我用我的行动告诉他，在梦想的星空下，只要方向明确，锁定一个个小目标，然后脚踏实地地前行，梦想终将实现！

仰望星空是我们捕捉梦想的开始，脚踏实地则是我们让梦想成真的途径。

仰望星空，超越现实的束缚找寻梦想；脚踏实地，用自己的双手使梦想照进现实。

既然目标在远方，便只顾风雨兼程，向着天际最亮的星座出发，一步一步，必将实现梦想！

第 4 课

拥有自信

——帮孩子建立高自我价值感

在我多年从事心理咨询的过程中，我接触过很多被父母认为有问题的孩子：沉迷网络（手机）、不爱学习、顶撞父母、不愿交流、厌学辍学、人际关系差、暴力、自卑……无论他们外在表现出桀骜不驯，还是怯懦胆小，我都感受到他们内在深深的自我怀疑、否定甚至恐惧。

这些孩子身上都有一个共同点——低自我价值感。要帮助到这些孩子，不是简单地从行为上加以制止或者通过讲道理使其改变，其核心是提升孩子的自我价值感。在这点上，父亲的影响非常重要。

自我价值感是什么？通俗来讲，自我价值就是你怎样认识你自己，怎样看待自己的价值，你认为自己是什么，是不是有价值，是不是值得被爱、被关注等。

角色给人以价值感。

能力给人以价值感。

我们有很多爱的时候，会感受到很多的价值感；我们感觉到爱的匮乏时，价值感就会很低。

每个人都有价值感，只是它们高低不同，而且有的人容易找到价值感，有的人则很难。

自我价值高的孩子能够做自己，表现真实的自己。

他知道自己要什么，不容易被外物带走；

他自信、不卑不亢，始终相信自己是被爱的；

他能够为自己的情绪负责；

他懂得包容、接纳、尊重别人；

他会从不同角度看问题，乐于尝试新事物。

与之相反，自我价值低的孩子，不能做自己，总是想从外在得到证明。像个乞丐一样告诉别人“我需要被爱，我需要被关注，我需要被看见。你要为我的匮乏负责”。

他攻击性强，看不惯的事物多，又害怕被指责和否定；

他喜欢靠打击、否定他人，来抬高自己；

他觉得自己很差，喜欢自我否定，认为自己不值得被爱；

他经常被环境影响和控制，也喜欢控制他人；

他敏感，自尊心强，有很多不能碰的死穴；

他遇事不成熟，感情用事，钻牛角尖；

在孩子自我价值感的形成过程中，父亲产生的作用要远远大于母亲。

他不愿意冒险，因为不能接受和面对失败；

他思维消极，凡事都先看到不好的一面；

他对别人期待很高，将爱物化，希望通过事物证明自己是被爱的；

在他向你索要爱时，如果你不能给他任何东西，他就会像发疯一样朝你扔垃圾、石头、废纸或者唾骂你。

家庭治疗理论的创始人——萨提亚女士研究发现，在孩子自我价值感的形成过程中，父亲产生的作用要远远大于母亲，那些出现任性、依赖、自卑、性别角色模糊等现象的孩子，大多与童年期没有获得足够的来自父亲的肯定、欣赏和赞美有关。

所以，父亲多陪伴和鼓励孩子，将有助于孩子建立高自我价值感。

一、无条件地爱孩子，接纳他的不完美

如果父母总拿别人的优秀来刺激孩子，总看到孩子没做到的地方而看不到他做到的地方，比如在考 99 分的时候，总是问那 1 分去哪了；考得比上次差就会被批评，考得比上次好也会被教育“不要骄傲”；无论孩子怎么努力，总有一个声音在耳边——“你是无能的”；孩子做错时，父母就将他整个人全盘否定，把过去、现在甚至未来的他说得一无是处、一文不值 ，让孩子感到自己什么也做不好，自己没有用。这些行为都会拉低孩子的自我价值感。

所以，爸爸们今后要注意，纵然孩子有这样那样的不完美，请接纳他们，正如我们自己也是不完美的人。当我们对孩子有情绪的时

父亲多陪伴和鼓励孩子，将有助于孩子建立高自我价值感。

候，往往投射出的是我们对自身的不满意，孩子就像一面镜子，让我们看到自己的不足。因此，请不要因此惩罚孩子，我们要感谢他让我们看清自己，请郑重其事地告诉您的孩子："孩子，我爱你，因为你是我的孩子，而不是因为你做了什么。无论发生什么，我都爱你。你的行为或许有错，但我相信你，你的人永远是好的。"

二、用放大镜看优点，用正面的语句加以引导

除了接纳孩子的不完美，我们还要学会发现孩子的优点，即使是常常被我们认为是一无是处的孩子，只要我们带着爱的眼光，也能发现那些被我们忽略的优点。

曾经有一个爸爸对我说，他发现孩子没有学习动力，即使考不好，也一副无所谓的样子，有一次考前他对孩子说："我感觉你很轻松啊，要考试了怎么都没点压力？"结果孩子回他："没有压力，但我压强很大。"我笑着问他："你觉得这说明他有什么优点？"他苦笑着说："孩子心态好，很幽默。"是的，换一个角度看孩子的问题，我们就能看到问题背后被忽视的资源。

此外，我们的语言模式也很重要。为了帮助孩子，我们可以反话正说。比如：对于拖拉的孩子，我们可以说："我发现你越来越快了，今天比昨天快了 5 秒。"对于好动的孩子，我们可以说："我发现你的专注力越来越好了，你刚才的表现就非常认真。"……常用"越来越 + 正面词汇"，孩子的正面行为也就越来越多。

作为父亲，我们要夸奖孩子的努力、勤奋和执着，
因为那是他能够通过主观努力做到的。

三、肯定、欣赏、赞美孩子的努力，而非能力

或许很多爸爸也知道要肯定、欣赏、赞美孩子，于是他们常对孩子说："你真优秀/聪明/漂亮/帅气……"

在孩子小的时候，这些话语还能起到一定的作用，但随着孩子年龄增长，进入小学和中学，这样的赞美就太苍白了，甚至当孩子对自身表现不满意的时候，这样的肯定、欣赏和赞美就变得像讽刺和挖苦。因为这种停留在表面的赞美是"初级赞美"。

如果父母夸奖的是能力，而且是属于天赋的那部分能力（比如聪明），当孩子觉得自己做得不好的时候，就会对自身能力产生怀疑，产生畏难情绪，因为那是他无法掌控的。

作为父亲，我们要夸奖孩子的努力、勤奋和执着，因为那是他能够通过主观努力做到的。无论其结果怎样，我们要表达看到了他努力的行为，以及我们对他行为的感受，更重要的是传递对孩子的爱。比如："孩子，你这次取得这样的好成绩（带出事实），我真为你感到自豪（带出感受），我关注到你这段时间比以前更用功（肯定、欣赏孩子的行为），有这样的成绩你当之无愧（带出配得感）。但要注意劳逸结合哟，我爱你（传递爱与力量）。"

这样的赞美是高级赞美。高级赞美能鼓励孩子通过自身努力达成目标，孩子会因此获得价值感，从而更加努力和勤奋，以获取更大的价值感。

四、支持他的选择，祝福他的过程，相信他的成果

随着孩子的年龄增长，比如 4 岁开始，特别是进入青春期以后，孩子会越来越多地希望为自己做选择，选择他想吃的、想玩的、想穿的、想交往的、想做的……

有些爸爸会以各种理由剥夺孩子选择的机会，由此引起孩子的反抗，也就是常说的“叛逆”：

一旦孩子未能如他们所愿地选择，家长就开始焦虑和预测“肯定不好”“肯定不成”“失败了怎么得了”……

如果结果是他们所预测的失败，他们就说“我说过吧”“活该！”“不听老人言，吃亏在眼前”……

如果结果是成功的，他们又会酸溜溜地来一句“你那叫瞎猫碰上死耗子”“怎么可能”“你那完全是运气”……

其实，很多家长希望孩子听话，但人类社会的进步不正是我们一代一代不怎么“听话”，非要突破上一代人的“经验”束缚而实现的吗？时代变化，我们怎能确保我们的观点、习惯就能适应今天甚至未来的社会？就像过去最快的通信手段是去邮电局拍电报，但如果今天还有谁碰到急事非要拍电报，而拒绝用手机打电话，真无法想象其结果。

有时，即使我们明知孩子的选择是错的，只要不危及生命，让他体验一次挫败又何妨？这也是生命成长的礼物，不是吗？而且，

父母的担心就是对孩子最大的诅咒，孩子虽然嘴上对抗父母，其内心却是忠于父母的，父母的担心会极大削弱孩子对成功的信心，进而导致失败；即使孩子最终成功了，父母却怀疑和否定其成果，那这次成功对于孩子信心提升的效果就会大打折扣。

所以，爸爸们请注意，如果希望提升孩子的自我价值感，请“支持他的选择，祝福他的过程，相信他的成果”。

五、关注、接纳并共情孩子的情绪和感受

我们经常会听到一些爸爸这么对孩子说：“不许哭！我最烦的就是别人在我面前哭，这有什么好哭的？多愁善感，我受的委屈/痛苦不比你多？我都没哭过。”

孩子在小的时候，潜意识会认同大人的观点，大人对他情绪的否认和拒绝，会在孩子潜意识里形成这样的观念：“原来我有感受是不对的，他们不喜欢，是我不够好，我是不值得别人关注的，我是没有价值的。”

于是，这类孩子在公众场合不敢大声说话，不敢发表自己的意见，不能尽情地展示自己；他们畏首畏尾，怕出丑，在人际交往上很被动，往往会先观察对方的反应，再做出回应；他们做事多疑，不敢全情投入，更不敢表现自己的喜怒哀乐；他们常常故意显得面无表情，显得很不在乎，显得我根本没有把你（们）放在心上，甚至，显得很冷漠、很酷，其实内心波澜起伏，敏感、脆弱、多疑、易伤。

爸爸们要接纳孩子的情绪，关注孩子的心情，而不是事情。

为此，爸爸们要接纳孩子的情绪，关注孩子的心情，而不是事情。我们可以对孩子说："我感受到你的委屈/无助/痛苦/恐惧/焦虑/愤怒/失望……（读懂情绪），是的，遇到这种事情，换成是我也会有同样的感受（共情感受）。如果你觉得舒服，可以让自己哭一会儿/发一会儿脾气（接纳行为）。我会在你的身边陪着你，当你觉得心情好一些的时候，可以随时来找我（表达关注）。或许，我们可以一起做些更积极的事情，让你变得开心起来（引导孩子情绪转换）。孩子，我爱你（给予力量）。"

六、根据孩子年龄的增长，逐步让孩子承担一定的家庭事务（放权）

控制和代替型的家长常常会对孩子说一句话："孩子，你只要努力读书、认真学习就好了，其他事情就交给爸爸/妈妈来吧。"殊不知，这样我们不仅剥夺了孩子参与各项家务的机会，也剥夺了孩子自我价值感提升的机会。因为自我价值是建立在"我能行""我能做到"的基础上的，通过完成一些看似有挑战，但努力尝试又能完成的家务，孩子会体会到成功的自豪与喜悦。

有人可能会说："难道孩子不可以通过取得好成绩来获得同样的感受吗？"当然可以，只不过好成绩的获得需要较长时间的积累，而完成家务却是当下就能看到的"成果"。比如，打游戏之所以比学习更吸引孩子，是因为他当下就能赢得分数。还记得我们第一次帮父母晾衣服、洗碗或者做饭吃的那种成就感和喜悦感吗？或者还记得孩子第一次自己洗澡时的自豪吗？有研究发现，做家务不仅能锻炼孩子的自理能力，更有助于提升孩子的自我价值感。

爸爸们所要做的就是对孩子充分信任，根据孩子的年龄分配合适的家庭工作，确保对孩子有一定的挑战但又能完成。过程中保障孩子的安全，除非孩子求助，不要主动干预。如果结果是成功的，给予孩子鼓励与肯定；如果结果是失败的，则与孩子一起总结经验，并肯定其中他完成得好的部分。

七、构建民主、轻松的家庭氛围

或许你见到过这样的场景，大人在谈事情的时候，孩子突然插进来，谈一些自己的看法。不少爸爸会不耐烦地说："老子讲话，你小子少插嘴！"有时即使孩子说得对，大人也不听取。久而久之，孩子对父母的话题有话可说也不说了。他认为，既然你不把我的话当回事，以后你说得对，我也不听！

父母和孩子虽有长幼之别，但也应是朋友关系。孩子对家庭事务发表意见，不管对不对，合理不合理，一定有他善意的初衷，父母要认真听取，酌情采纳。这样既显示了家庭的民主氛围，又增进了亲子感情，更重要的是让孩子感觉到他是这个家庭中的重要一员，他的一言一行都要对这个家庭负责，对家庭的每一个成员负责。他要设法不使自己成为家庭的累赘和包袱，要使自己成为家庭兴旺的动力，从而自觉做到自控、自律、自强，不断提升和完善自己。

八、要培养高自我价值感的孩子，首先自己成为高自我价值感的父母

既然父母是帮助孩子树立高自我价值感的人，是孩子的老师和榜样，如果我们自己都没有高自我价值感，又怎么教育好孩子呢？正如我们在课程中经常提到的：“我们给不了孩子我们自身没有的东西。”

很多时候，家长之所以通过各种方式打击孩子的自我价值感，正是家长把自身的低自我价值感投射到孩子身上，而产生的无力、焦虑、恐惧和愤怒感导致的。

比如，当一个爸爸自己工作不顺时，很可能会因为看到孩子考试成绩不好而斥责打骂孩子，他会说：“我辛辛苦苦工作才赚那么点钱，自己舍不吃，舍不得穿，送你读书，好不容易把你养这么大，你就考这点分，对得起我吗？”

对于这类爸爸，我非常体谅他们工作的辛劳，也理解他们爱孩子的那份真心，但我们要做到前面 7 条，请首先走上学习成长之路——成为高自我价值感的父母！

我们不妨把陪伴孩子成长的过程当作和孩子一起长大的过程，这个过程不仅仅是变大变老的过程，还是彼此都成为高自尊者的过程。

第 5 课

性别认同

——让孩子接纳自己的性别

在我授课过程中，经常有家长向我诉说孩子的问题："为什么我儿子那么胆小，经常被人欺负……""我家儿子在幼儿园太文静、太听话，经常动不动就哭，还喜欢玩洋娃娃……""我家女儿 3 岁多了，上蹿下跳太调皮，就像个假小子……""我女儿十几岁了，现在就只留短发，不喜欢穿裙子，上次老师告诉我她还在和她女同学谈恋爱，急死我了……"

各位有没有发现，现在男孩越来越不像男孩，女孩越来越不像女孩——在部分媒体综艺节目和广告中，一些男青年涂脂抹粉，眉目含情，花枝招展，举止妩媚；一些女青年喜欢穿着深色的夹克或者牛仔裤，妆容肃杀，表情冷峻，无论哪个角度都看不出少女的体态；在幼儿园和小学中，也经常见一些女孩子打得男孩子到处跑……

父亲对于帮助孩子建立性别认同，具有积极和重要的作用。

有大人会笑话某个女孩是“女汉子”，或者嘲讽某个男孩是“娘娘腔”，但对于这些孩子的家长而言，这却不是一件开心的事情。尤其当孩子们进入择偶年龄，如果发现儿女对异性丝毫没兴趣，只愿与同性交往，有些甚至只愿意按异性装束打扮，父母通常会非常着急。该怎么办呢?

我们常说行为只是表象，导致同一行为的原因很多，上述行为如果从孩子心理发展的角度考虑，非常有可能是孩子出现了“性别认同障碍”。它是指个体对自身性别的认识（即掌握自己的性属性或相应的作用）产生了偏差。

绝大多数人的性别认同与生物学意义上的性别是吻合的，因此，他们能适应正常的社会生活，能安然地接受自身的性的特征。如果性别认同发生障碍，则不能平静地适应性和社会生活，严重的则会形成“异性癖”，即一个生物学上确定的男人或女人，却拒绝自己的性别，坚持认为自己是个异性，甚至不惜动用外科手术以达到目的。

心理研究发现，父亲对于帮助孩子建立性别认同，具有积极和重要的作用。其中，萨提亚家庭治疗理论认为，在与父亲的良性互动中，儿子会认同父亲作为男人的责任、原则、胸怀、胆识与气魄，不太会出现性别角色的认同错误，会更有男人味；女儿的女性气质也会被父亲更好地引发出来，会更富于女性美。

我们常说“父爱如山”，父亲与孩子间的亲子互动，会让孩子接触到一个全新的世界——充满力量、开放、自由、冒险、规则、竞争……在年幼的孩子心中，父亲的身高、力量都是神一般的存在，4 岁前的孩子将父亲视为他们最好的保镖和依靠，但随着年龄的增长，父亲这座“山”的言行举止对于男孩、女孩有着不同的意义。

男孩：父亲是我眼前的山，我仰望、攀登和超越他

对于幼儿—小学阶段的男孩，父亲是“陪练”和“榜样”。

此时男孩喜欢和父亲嬉戏打闹，从父亲那里获得勇气、力量与生活经验——父亲就如他眼前的大山，童年的他从山脚仰望这个护佑他的“神明”，充满无限的崇拜，他对父亲的力量充满敬畏与向往。

对于中学阶段的男孩，父亲是“评委”和“向导”。

进入青春期，男孩开始攀登父亲这座山，他希望做些事情向父亲证明他的实力，渴望成为父亲的骄傲。偶尔，他们也会因为冲动而迷失方向，需要父亲的谅解与指引。此时，与父亲的关系将决定他是欣赏山间的风景（积极进取），还是厌恶爬山的艰辛（消极对抗）。

对于成年后的男孩，父亲是“观众”和“标杆”。

成年以后，特别是步入社会后，男孩或登上“山顶”，将父亲

作为超越的对象，并以此为起点，瞭望更广阔的世界；或因为感受到无法超越的绝望，而选择坠入深谷，自暴自弃。

心态决定状态，状态决定成败。

有一位父亲，曾因为儿子性格暴戾，沉迷网络，还吸毒，来找我做咨询。他经营着一家资产数百亿的企业，但他坦言，虽然可以管理几千人的员工队伍，却无法管好家里这一个孩子。

当我见到他的孩子后，发现这孩子其实遗传了父亲的聪明机智，很有领导力和口才，只是缺乏梦想，不爱学习。

咨询中，孩子对我说，他小时候很少得到父亲的夸赞，无论他做什么，父亲总是用瞧不起的语气回应他；如果父亲心情好，可以给他 1 万元做零花钱，而心情不好的时候，就把他往死里打；为了刺激他考个好成绩，父亲和他做同样的试卷，考分还比他高……所以，后来他觉得没必要再努力了，因为努力也超越不了父亲，而且他现在读不读书，都不用担心未来的出路。与其拼命去考好成绩，还不如去读个职高，反正爸爸都看不起他。

对于培养男孩，我们特别强调以下四点：

1. 肯定男孩的性别，给予必要的历练。

父亲需要经常对儿子说："儿子就是儿子。""有儿子和没儿子就是不一样。""你是我的骄傲！""你是我们家族的荣耀！"

男孩不但需要现实中的父亲，同时还需要一个“内心的父亲”。

生活中可以让儿子参与并负责一些体力和技术型的家务，比如搬东西或者维修电器设备。

一位父亲在出门前对小学的儿子说：“我出发去外地，家里就只剩你一个男子汉了。我老婆（你妈妈）就拜托你照顾啦。”小男孩坚定地点点头说：“爸，你放心。”

2. 男孩有一个父亲非常重要，为了实现自我塑造，男孩不但需要现实中的父亲，同时还需要一个“内心的父亲”，也就是说，内化的父亲角色。

父亲成为儿子效仿的榜样，可以激发孩子成长，指引其未来。对于父亲长期缺位（比如离异母亲单独抚养小孩）的情况，母亲可以通过带孩子参加一些文体活动，让男孩接触优秀的成年男性（教练、老师），或者让身边的男性亲属（外公、舅舅）多与孩子相处，同时切忌诋毁孩子对于父亲的印象（不能让孩子憎恨或者瞧不起父亲）。

3. 父亲需要把孩子当强者，自己“适当”地扮演一下弱者。

强调“适当”是指父亲不能像母亲一样长期处于“弱势”，否则反而会让孩子没有力量，甚至瞧不起父亲。

有句话叫“老子英雄，儿好汉”，但看到儿子不如自己，“英雄”父亲终归会有些失落。

反之，如果父亲懂得示弱，就会出现“老子好汉，儿英雄”，

“战胜并超越父亲”会在男孩潜意识里形成高自我价值感，让他逐渐由冲动走向理性。

那才是做父亲的骄傲。

我相信，大多数父亲是希望儿子“超越”自己的，因为“战胜并超越父亲”会在男孩潜意识里形成高自我价值感，让他逐渐由冲动走向理性。

4. 接纳男孩的感受和情绪。

有些父母经常会对男孩说“哭哭啼啼，哪像个男孩子？”其实这样的话不仅无益于培养男孩的坚强，反而会因为否定情感而让男孩自我怀疑或对成人产生抗拒，进而导致成年后的情感麻木，甚至影响婚姻质量。

比如父亲带儿子在院子里玩，儿子不小心摔倒，父亲连忙跑过去安慰他：“不疼啊，我们男孩子不怕疼，不许哭。”不料，儿子非常气愤，大声嚷道：“你又不是我，你怎么知道不疼？你没摔着，你当然不疼！”父亲当时被他问住了，心想：这个孩子这么不知好歹，关心你，你还来劲了。于是开始教训他：“男孩子怕什么疼？摔一跤有什么了不起的？”不料儿子越哭越凶。其实，他这时的哭已经不再是因为疼痛，而是因为他的感觉不被接纳和理解。

这时，如果爸爸安慰儿子：“跌倒了，一定疼吧！是我也会感觉疼。”孩子得到安慰，这时可能会咬紧牙关说：“爸爸，放心，没事的。”这时爸爸可以及时肯定儿子：“你真是个勇敢的男子汉！”

女孩青春期发育的提前是父亲对女儿关心程度不够的一种反馈。

女孩：父亲是我身后的山，我发现、依恋和比对他

童年时期，父亲是女孩的“靠山”。

在婴幼儿时期，女孩会更青睐与母亲的脐带关系，对父亲的爱表现出小小的抗拒心理。到3岁左右，女孩认知和独立性都有了较大提高，从“发现”身后父亲的那一刻开始，其与母亲浑然一体的关系就被打破了。这时女孩会变得愿意与父亲接近，主动让父亲抱，撒娇，变得柔媚。这对于女儿脱离与母亲的共生关系，走向进一步的独立有极大的推动作用。在女儿眼里，父亲代表了关爱、慈祥、呵护、体贴、威严、力量和安全，父亲就是女儿身后最大的“靠山”。

青春期开始，“依恋”父亲的女儿不易早熟。

美国和新西兰心理专家曾对美国173名女孩及她们的家庭情况进行长达8年的调查，他们发现，进入青春期，与父亲关系特别好的女孩青春期发育迟于那些与父亲关系一般或关系不太好的女孩。女孩青春期发育的提前是父亲对女儿关心程度不够的一种反馈。专家推测，精神上的相对贫困引发生理上的早熟，而女孩子过于早熟将会伴随过早的性生活和生儿育女，这也是各个国家少女母亲增多的原因之一。这种情况既不利于下一代的成长，也不利于少女母亲自身。

成年以后，父亲成为女孩心目中的“完美伴侣”。

较多女孩总不自觉地把别的男人和父亲相比，看他是否能像父亲一样优秀，且对她好。她期待成为爸爸最爱的人（生命的至

父亲代表了关爱、慈祥、呵护、体贴、威严、力量和安全。

重），甚至对母亲产生“排斥”和“妒忌”（恋父情结）。

很多母亲会发现女婿和丈夫如此相似。据统计，有65%的女儿在成年后会按照父亲的模式选择男友以及丈夫；当然，也有15%的女儿成年后会选择和父亲类型截然相反的男人做丈夫，这是因为当女儿与父亲关系很不好时，女儿会因为“憎恶”而熟悉并牢记父亲的“模样”（不仅仅是外形，还有性格举止），并准确地按照与父亲相反的样子寻找爱人。看起来是两个极端，根本上还是一回事。

因此，对于培养女孩，我们特别强调以下四点：

1. 肯定并欣赏女儿的女性气质。

父亲需要经常对女儿说：“有女儿就是好！”“你是我的宝贝！”“你是我们（父母）的小棉袄！”“你对我们很重要！”

女儿对性别的自我认识很大程度上受到父亲对她如何反应的影响，所以，当女儿注视父亲时，父亲如果能够以微笑的眼神回应，女儿的新发型、新衣服或者新鞋子如果能够被父亲赞赏，那么，女儿的女性特质会倍受鼓舞。

2. 夫妻关系高于父女关系。

父亲对于女儿要把握好言行尺度，既表达对女儿的爱，又要让女儿清楚地意识到，爸爸和妈妈深爱着对方，然后，爸爸妈妈都爱她。通过赞颂女儿具有和妻子一样优雅的女性气质，让女儿认识到，她是家里的孩子，不可能是父亲的伴侣，但她可以学习妈妈的父亲切忌因为刻意讨好女儿而故意和母亲不一致，这将引发女儿潜意识的纠结。

样子，以后找到一个像爸爸一样的爱人。父亲切忌因为刻意讨好女儿而故意和母亲不一致，这将引发女儿潜意识的纠结：一方面想把父亲占为己有，把母亲视作“情敌”；另一方面觉得这样对待母亲有愧疚感。若成年后女孩还无法从这种“恋父情结”中摆脱出来，便会造成心理障碍，对其婚姻都会造成负面影响。

3. 成为女儿的依靠，让她拥有分辨真爱的能力。

父亲是女儿生命中出现的第一位男性，她对男性的最初印象都源于她的父亲。

作为父亲，一定要让女儿从小感受到自己是被爱着的。

缺少父亲关爱的女孩，在选择伴侣时就像饥饿的野兽突然走进羊圈，更容易出错，更容易被一些肤浅的关系迷惑，更容易被一些男人施以小利骗走。

父母相爱的家庭，女儿才会更懂爱。

如果父亲关爱妻子，在家务上和妻子分工协作，各取所长，将给予女儿积极的影响，女儿会感受到爸爸的力量、安全、责任和坚强，未来更容易获得和谐稳定的婚姻关系。

4. 坦然表达自己的情感，尤其是面对女儿时。

女孩的心灵是细腻敏锐的，爸爸如果不善于表达，女儿会以为爸爸不爱自己。在这种心理的影响下，女孩会变得自卑、悲观，甚至对生活中的一切都不感兴趣。反之，如果女孩有一位关注她们、孩子需要把父亲当作榜样，父亲也需要通过孩子的钦佩建立自己的信心。

善于表达自己情感的父亲，那么女孩在父亲的关注和鼓励下，就会变得自信、乐观，积极向上。

父亲帮助孩子建立性别认同，也需要得到妈妈的配合，妈妈们需要做到的包括：

1. 夫妻恩爱。孩子的性别认同感来源于父母彼此相爱，同时爸爸妈妈爱孩子，孩子也爱爸爸妈妈。在这种稳固的“铁三角”关系下，孩子会认同与自己同一性别的爸爸或妈妈，从而产生“我希望长大以后，找一个像爸爸/妈妈一样的人结婚”的愿望。父母关系和谐融洽，孩子才能顺利地度过性别认同的关键期。

2. 表达对丈夫的崇拜，并夸奖他。法国作家让·路易·傅尼叶在《爸爸，我们去哪儿》书中写道：孩子需要把父亲当作榜样，父亲也需要通过孩子的钦佩建立自己的信心。聪明的妈妈，都懂得在孩子面前夸奖丈夫。并且，当孩子在模仿爸爸做出良好的行为举止时，及时表扬。

3. 母退父进。孩子对母亲的依恋与生俱来，而孩子跟父亲的关系需要后天培养。如果碰上一个不善表达的父亲，母亲要主动创造一些孩子与父亲互动的机会。如果没有原则性的问题，不要过多干预父亲的教育方式，更不要采取“一个唱红脸，一个唱白脸”的方式，削弱父亲的权威。

“童蒙养正”的思想
来源于《易经·蒙卦》的
“蒙以养正，圣功也”，
一语道出教育的至高目标——养正教育。
教育要慎始。开始的方向，
是人生最重要的课程，决定了人生的方向。
我们强调“品格教育”是父教之魂，
正是基于“养正”的需要。
作为权威和力量的代表，
父亲从小给孩子输入的信念，
很大程度上将影响甚至决定
孩子一生的命运。

第二章

品格塑造

PINGE
SUZAO

第 6 课

浩然正气

——塑造孩子正确道德观

中医认为“正气存内，邪不可干”，这里的“正气”原指肌体对病原微生物的抵抗力以及自身的调节能力和适应能力，而“邪”指的是各种致病因素。

运用于家庭教育当中，这里的“正”即我们常说的“童蒙养正”的“正”，这里的“邪”即各种诱惑、毒害和摧残孩子身心健康成长的消极、负面的信念和行为。

“童蒙养正”的思想来源于《易经·蒙卦》的“蒙以养正，圣功也”，一语道出教育的至高目标——养正教育。教育要慎始。开始的方向，决定了人生的方向。

我们强调“品格教育”是父教之魂，正是基于“养正”的需要。作为孩子的第一任老师，父母对于培养孩子的正气起到至关重要的作用，其中以父亲的影响最大，因为父亲代表着力量与规则。

教育要慎始。开始的方向，决定了人生的方向。

正如英国著名政治家、外交家及文学家查斯特·菲尔德伯爵对他的孩子说的：“我对你的这份爱，不同于母亲对孩子的爱。母亲最关注的是孩子的健康和生命，虽然我也同样关注这两点，但是却不是把它们作为最重要的方面。我的目标是让你能够适应生活。我对你的爱就是——也只能是——与你的品德修养紧密联系的，这也是一个理性的生物对另一个理性生物的爱的唯一形式。”

孩子刚出生的时候，就像一台没有安装任何软件的电脑（硬件），父母通过教会孩子语言，先给孩子装上“操作系统”（自我价值、性别认同、身份认同等），再通过与孩子的人“机”交互，给孩子安装上各种“应用软件”（形成孩子早期信念和思维模式）。从此，孩子借用这些信念和思维模式，来处理他今后所接收到的信息，进而形成其更多的信念和思维模式。这些信念和思维模式将指导他的行为，久而久之形成他的习惯，而习惯又将铸就他的性格，最终这些性格将决定他的命运。

因此，一开始父母就要给孩子安装正版的“操作系统”，输入正确的信念和思维模式，最好安装上各种“防病毒软件”（积极的三观），那么孩子就拥有对不良思想的抵抗能力和面对挫折的自愈能力，人生不会走上歧路，至少不会走上绝路。

反之，如果一开始安装的就是盗版的“操作系统”，甚至父母在孩子尚不具备分辨力的情况下，就输入一些“病毒”（消极的父母从小给孩子输入的信念，很大程度上将影响甚至决定孩子一生的命运。

三观），那么孩子的人生就会出现很多问题，严重时甚至导致“死机”（伤害自己或者他人）。

由此可见，父母从小给孩子输入的信念，很大程度上将影响甚至决定孩子一生的命运。

有一次，我作为外聘心理咨询师，受邀去一所特殊训练学校（专门负责矫正青少年网瘾、早恋、打架斗殴、吸毒等行为问题的学校）做团队辅导。其间，我接待了一名13岁左右的网瘾少年。

他走进办公室的那一刻，几乎不敢看我。

我微笑着示意他坐下，却发现他全身僵硬，大多数时间眼睛都紧盯着房间一侧的墙角。

我微笑着并缓缓靠近他，想用肢体的触碰来缓解他的情绪，手刚碰到他肩膀，他浑身就像被电击一样，不自然地后退了半步。

我立刻停下来，保持合适的距离，静静等待他的反应。

停了停，他突然低头说了一句：“老师，你觉得这个世界上有可以相信的人吗？”

我好奇地反问一句：“你觉得呢？”

他嘟囔着：“我爸告诉我，这个世界上所有靠近我的人都是为了从我身上得到好处。”

“所以呢？”我又问。

心中怀有浩然正气，所表现出来的是一种正大刚直的精神。

“所以，我就不想出门，在家里打游戏，但，没想到，爸爸还是把我送到这里来了。”……

一位父亲的错误“观点”就这样让邪气（网瘾）沾染了一个原本可以健康成长的孩子。

何谓“正”？现代汉语词典中“正”的基本字义有19种之多，主要有不偏斜、恰好、纯正等几种解释。但我们说一个人很“正”无外乎包括面正、心正、身正等几个方面。

中国古代早就有“正气”之说。先辈们认为，大凡人身上都是有气的。人的正气不仅说明其心理状态及其表现，也有生理、病理的基础。因为人的心理和生理相互作用、相互影响的。所以，人类有善恶之观念存在，有好坏之分，这些都是老天爷造人时赋予人的自由意志，可供自己决断和选择。

我们所说的正气，是存在于人心中的符合普世道德行为的价值观，例如诚信、廉洁、光明正大、不损人利己等。也就是说，正气是一种有利于鼓舞士气，有利于激发活力，增强团结，让人奋发向上的精神。心中怀有浩然正气，所表现出来的是一种正大刚直的精神。

与之相反的是心术不正，表现为心机重且精于算计、欺诈、腐化、阴险狡猾、巧取豪夺、不择手段等。这种人，世人都不喜欢。

正气是存在于人的心中的符合道德行为的价值观。

据《孟子·公孙丑上》记载，有一次，孟子的弟子公孙丑问孟子："请问老师，您的长处是什么？"孟子说："我善于培养我的浩然之气。"公孙丑又问："什么叫浩然之气？"孟子说："这很难描述清楚。如果大致去说的话，首先它是充满在天地之间，一种十分浩大、十分刚强的气。其次，这种气是用正义和道德日积月累形成的，反之，如果没有正义和道德存储其中，它也就消退无力了。这种气，是凝聚了正义和道德，从人的自身中产生的，是不能靠伪善或是挂上正义和道德的招牌而获取的。"

民族英雄文天祥曾用他的《正气歌》描述孟子上述的"浩然之气"，诗中写道：

天地有正气，杂然赋流形。

下则为河岳，上则为日星。

于人曰浩然，沛乎塞苍冥。

皇路当清夷，含和吐明庭。

意思是说：浩然正气寄寓于宇宙间各种不断变化的形体之中。在大自然，便是构成日、月、星辰、高山大河的元气；在人间社会，天下太平、政治清明时，便表现为祥和之气；而在国家、民族处于危难关头时，便表现为仁人志士刚正不阿、宁死不屈的气节。社会秩序靠它维系而得以长存，道义是它产生的根本……

这一切都说明，“浩然之气”是一种气节，是一种品德，是一种原则，是一种崇高境界，是一种生命的真谛。由此，我们也不难理解，所谓“浩然之气”，就是大义大德造就的一身正气。

孟子认为，人有了浩然长存的精神力量，面对外界一切巨大的诱惑或者是威胁，都能处变不惊，镇定自若，达到“富贵不能淫，贫贱不能移，威武不能屈”的境界。

诚然，今天的媒体会经常报道一些社会道德败坏现象，但这些现象不是孩子们造成的，恰恰是成年人造成的。如果我们希望未来的社会更加良善，那么我们所要做的，一方面是规范自身的行为（不同流合污，更不要推波助澜），另一方面就是引领孩子去聚焦好的方面，或者让孩子思考那些反面案例对社会的伤害——我们也许无法改变世界，但我们可以改变对世界的看法。

我们知道，无论孩子今后从政、经商还是从事其他职业，终将成为这个国家和社会未来的建设者，我们将生活在他们所创建的社会环境里。如果我们希望那是一个更加和谐安康的社会，那么作为父亲，今天请多为这个社会培养具有浩然正气的人。

第 7 课

积善成德

——塑造孩子善良品格

不知道从什么时候开始，连“善良”都变成了一个需要思考的话题，打开网络搜索一下，“见到乞丐该不该给钱？”竟然成了一道辩题，正反双方都会拿出足够的案例来支持各自截然相反的观点。

支持“该”的自然是站在“与人为善”的角度，但我们也相信，即使选择“不该”的人也不是因为他不善良，而是他在思考这个乞丐到底是真的还是假的，以及由此带来的各种可能性。

其实，在心理学上有个“自证预言（self-fulfilling prophecy）”效应，意指人会不自觉地按已知的预言来行事，最终令预言发生。

比如，我们经过一个乞丐旁边，我们认为他很可能是一个假乞丐，于是我们可以找出 100 个理由证明他是假的，因为只有当他是假的时，我们内心的良知才会得到安抚。

就算我们最终发现他是真的，我们也会告诉自己，他成为乞丐

是因为不够勤劳或者其他不光彩的原因，他只是在装可怜，故意博得我们的同情，不值得援助。

总而言之，我们总能够找到足够的理由，让自己心安理得。

接下来，我们甚至会怀疑，周围很多人或许也在刻意地掩盖着什么，我们开始变得敏感、多疑、防备，甚至充满恐惧……

但如果有一天，当我们也需要帮助的时候，突然发现周围的人也用同样的方式来对我们，我们又会做何感想呢？

有道是“赠人玫瑰，手有余香”，无独有偶，在我们的父母专业课上，提到“如何培养领导力”时，也会讲到“成功者看待世界与常人不同”。因为，“成功者”相较“普通人”更能透过表面“看到”真相，能站得更高，看得更远——

一、善良，是能“看到”行为背后的爱。听从本心，以善为乐

有一次，我带孩子经过地下通道，通道里有一位老者正在乞讨。

我想试试孩子，就问他：“你想给这个老爷爷一些钱吗？”

孩子说：“可以呀，可是我手里没钱。”

我将几块钱交给他，孩子蹦蹦跳跳地跑过去，将钱交给了老人。

走出地下通道后，我问孩子：“你有没有想过那个老人可能是假乞丐？”

孩子说：“不会吧？看他那么可怜。”

我又问："如果他是假的呢？"

孩子想了想，笑着说："那也没关系啊，就算他是假乞丐，他也在用这样的方式，给他的家人挣钱，他对家人的心一定是真的。我不会因为少了这几元钱而变穷，但他可能因为这几元钱，能给家人买吃的。"

孩子就是这样简单，能跳出世俗的眼光看到爱的真相。

又有一次，我送刚转学的孩子去学校上课，在校门口遇到孩子的同班同学小 A。

小 A 问我儿子："今天是教师节，你给老师买了花吗？"

儿子说："啊，我不知道唉。爸爸，我也要买花给老师，好吗？"

我问儿子："好啊，可是要买几朵呢？"

小 A："买四朵吧，语文老师一朵，数学老师一朵，英语老师一朵，生活老师一朵。"

我在校门口买了四朵花给儿子。

儿子高兴地拿着花："爸爸再见！"

放学时，我去接儿子。

我问儿子："好儿子，今天学习开心吗？"

儿子说："开心啊，我还把花送给我们老师了，他们好开心，还夸我呢！"

看到儿子书包上还插着两朵花，我疑惑地问他："怎么这里还有两朵，你把花送给谁了？”

儿子说：“老师啊！”

我问儿子：“哪个老师？”

儿子说：“一朵给了音乐老师，一朵给了美术老师！”

有的家长，听孩子这么说可能会说：“你傻吧？不给主科老师，给两个副科老师？”

作为学习过的家长，我猜想孩子行为背后必有他的原因，于是——

“哦！”我做沉思状，蹲下身来认真看着孩子，手搭在孩子肩头，“能告诉我为什么是音乐和美术老师，而不是你的语、数、外老师吗？”

儿子兴奋地说：“今天我本来准备把花送给语、数、外和生活老师的，但我发现他们有人拿了三十几朵，有人也有二十几朵，多我一朵不多，少我一朵不少，可是我看到我们的音乐和美术老师，手上一朵都没有！我想，学生送花给老师不就是表达感谢吗？音乐和美术老师他们也是老师啊，怎么能没有花呢？所以我就把花送给他们了！而且，我送完以后，又有两三个孩子也送花给他们，虽然他们手上只有几朵花，不过我看到他们真的很激动，很开心！”

我说：“太好了，孩子！你能想到给美术和音乐老师送花。那剩下的这两朵你留给谁呢？”

儿子说：“我们最后一节不是足球选修课嘛，我留了一朵给我的足球教练，他是今天最后一个上课的老师，肯定没有同学留花给他，我给他留了一朵！”

我说：“太棒了，还有一朵呢？”

儿子说：“我待会去托管班，托管的老师又辅导我作业，又给我做饭，就像妈妈一样，我也给她留了一朵！”

我紧紧抱住儿子，说：“孩子你真是一个细心又有爱心的好孩子，爸爸以你为骄傲。”

儿子开心地笑了。

我很庆幸，因为学习，守住了孩子的这份善良。

二、善良，是能“看到”一切皆有因果。“因”上努力，“果”上随缘

常言道：“善有善报，恶有恶报。”

《太上感应篇》开宗明义：“太上曰：‘祸福无门，惟人自召；善恶之报，如影随形。’”

《了凡四训》中说：“福之将至，观其善而必先知之矣；祸之将至，观其不善而必先知之矣。”

这些话都在告诉我们，一个人长大以后，他的命运是福是祸，其实不是随机的。

人生，有人生活得很幸福，有人过得很不幸，幸福和不幸都是果，因在哪里？幸福的因，在善；不幸的因，在恶。

传承了几千年的道理告诉我们：一个人的命运，包括我们孩子的命运，如果你种的是善因，将来得的果就是幸福；如果种的是恶因，将来得的果就是不幸。

康熙帝得了一种怪病，久医不愈。这天，他独自出宫微服夜游，在一间小药铺里认识了一个叫赵桂堂的郎中。康熙佯请郎中看病，没想到郎中信誓旦旦地告诉他，只需要按照他的药方洗浴即可，并承诺“治不好病，我分文不收”。康熙回到宫中，按郎中所嘱，如法洗浴，果然痊愈。第四天康熙又微服来到小药铺给药钱，没想到郎中依旧分文不收，只说想跟他交个朋友。两人相谈甚欢，康熙得知此人虽多次参加科举却名落孙山，又不愿进宫担任御医，只想建一座大药堂，为天下老百姓治病。康熙便让他拿一张自己写的字条去内务府衙门走一趟，还建议他今后药房取名“同仁堂”。第二天，郎中好奇地拿着字条找到内务府衙门，一会儿出来一个太监，把他带到一间满是银子的房间，告诉他这是皇上送给他建同仁堂的“药钱”。几天之后，一座大药堂拔地而起，从此，北京城便有了一家很有名气的同仁堂大药房。

“二战”时期，一位盟军的将军突然接到了总部电话，命令他立即赶回去。当时天降大雪，异常寒冷，天色很快就暗了。行车途中，正当将军在后座思考战局时，他突然看到一对老夫妇坐在路边冻得发抖，大雪都快把他们掩盖了。将军命令司机停车了解情况，虽然司机提醒他必须按时赶到总部，可他担心老夫妇冻死，仍然执意下车。原来，老夫妇是去巴黎投奔儿子的，结果因雪路太滑，导致汽车抛锚，他们只得在这前不着村后不着店的地方等待。将军闻讯，立即请这对老夫妇上了自己的车，还命令司机将这对老夫妇送到了巴黎，然后才和司机赶回总部。

但他没想到的是，这个善良的举动很快就得到了意想不到的回报：原来那天德国纳粹的阻击兵早已预先埋伏在他们的必经之路上，准备实施暗杀行动。如果他不是为帮助那对老夫妇而改变了行车路线，恐怕很难躲过这场劫难。

这位将军，就是当时欧洲大陆的统帅艾森豪威尔，事后艾森豪威尔感叹："原来我以为是自己救了那对法国夫妇，现在才知道是他们救了我！"

中央电视台曾播出过一则发生在俄罗斯圣彼得堡的新闻，有劫匪打劫了当地一所教堂，在驾车逃跑途中，与警方展开追逐。不料天上突然轰隆一声，一道闪电劈下，将劫匪的汽车击得起火粉碎，车上无人生还。尾随的车辆拍下整个过程，并上传至YouTube。网民称事件是"上帝显灵"，让坏人"恶有恶报"。

…………

爱出者爱返，福往者福来。

我们不要轻视任何一个人，也不要放弃任何一个可以帮助人的机会。

与人为善吧，因为常做别人贵人的人，人生将常遇贵人。

第 8 课

自理自主

——培养孩子独立性

英国心理学女博士西尔维娅·克莱尔说过一段非常著名的话：这个世界上所有的爱都以聚合为最终目的，只有一种爱以分离为目的，那就是父母对孩子的爱。父母真正成熟的爱，就是让孩子作为一个独立的个体从我们的生命中分离出去，这种分离越早，我们作为父母就越成功。可以说：“独立，是一个生命对另一个生命的祝福。”

天下做父母的，或早或晚，都必须经历这个过程：目送孩子的背影渐行渐远，消失在小路的尽头，不能追。

别离没有黯然销魂的拥抱、撕心裂肺的哭喊、百转千回的回眸、柔肠寸断的誓言，最多挥挥手，说一声“再见”。情节淡然得似乎看不出爱的存在。只有我们做父母的知道，是因为多么深厚的爱，才会有这样不动声色的别离。万般牵挂千般不舍，竟然都会担心成为孩子的牵绊。就这样看着孩子背起行囊，毅然奔向未知的远方……

独立，一个生命对另一个生命的祝福。

1997年我去成都上大学，那是当年离家最远最久的一次出行。

父母以旅游的名义和我同行，我们在蓉城又度过了几天快乐的时光……

直到那天，我去火车站送他们返程，在去往火车站的公交车上，开始我还为能离开父母获得自由而隐隐感觉兴奋和喜悦，但我突然发现一向爱说话的妈妈变得沉默，不善言辞的爸爸却时不时地想用一些轻松的话题挑起气氛，顿时有一种淡淡的失落袭上心头……

我们一行缓缓走过安检口上了月台，站在车厢前，妈妈坚决不让我上火车，说要在月台上看我回去。看得出来，她一直在极力克制内心的悲伤，怕被我发现。爸爸的眼睛也是红红的，但他依然装出微笑的样子，催促我走。好几次他一边紧紧地握住我的手，一边用力拍着我的肩头，那股劲儿里传递的是一种信任、鼓励和不舍。

我猜想，当时我们都在绷着，只怕谁流下第一滴眼泪，就会引来“山洪暴发”。好吧，就以这种强颜欢笑作为收尾吧，我心想。

见他们不上车，我只得转身。那一刻，我想起了朱自清先生的《背影》，一切是如此平淡而又耐人寻味。在我身后，定是母亲无声的哭泣与父亲的安慰。

我百感交集地走到出站通道，刚刚走了一半，突然感觉似乎遗忘了一件最宝贵的东西，于是准备马上折返。

我原打算悄悄回到月台，目送他们的火车驶出，甚至在头脑中还构想着自己含泪追着火车跑的样子，也许那样更能表达我内心的依恋。

就在我转身的那一刻，在地下通道尽头的墙边，我看到了那张熟悉的脸——我的父亲，他竟然从车厢一直跟随我下到地下通道！——我们不约而同地都想目送对方离开。

那一刻，我们几乎同时忍住了惊讶和悲伤，装出轻松和喜悦的样子。他微笑着冲我摆了摆手，充满信任的目光似乎在说："回吧。"我也做了一个"请"的姿势，让他先回。他用力地点点头但仍未转身，为了不耽误他乘车，我只好转身，加快脚步坚定地跑出通道。

我知道身后的他可以畅快地哭出来了……或许那是一种喜悦，他的儿子，长大了，宛如雏鹰展翅，用矫健的背影留给他最好的安慰。

若干年后，即使我独自一人在异国他乡工作，也能感受到力量和自信，因为我身后有着父亲笃定的目光。

纵观各类关于父爱教育的书，让孩子具备独立能力，是父亲十分重要的职责之一。正如卡罗尔·吉利根所说："女性侧重于联系，父亲是孩子走向外部世界的桥梁，父亲的存在与鼓励是孩子独立性发展的基础。

男性侧重于分离。”和母亲相比，父亲更鼓励孩子们独立。

这种作用在男孩子身上体现得尤为明显。比如在一些部落社会中，仍保留着这样一种传统——拉科塔族印第安人会将男孩扔到丛林野外以锻炼孩子的生存能力。现代文明社会的父亲，虽然不能把男孩扔到丛林野外，但父亲在男孩成长为男子汉的过程中仍发挥着关键作用——教会孩子独立地面对生命中的困难与挑战。

对女孩而言，父亲的存在也是避免母女关系过于纠缠的重要因素。母亲作为生、养、育一体的存在，往往把女儿看作自己的延伸，作为女性，母女之间存在许多一致性，但对母亲的过度依恋会严重压缩女孩独立的时间与空间，进而影响到女孩的独立精神。

因此，在心理学上，父亲被看作孩子挣脱母亲怀抱的关键力量，对男孩女孩都是如此。

父亲是孩子走向外部世界的桥梁，父亲的存在与鼓励是孩子独立性发展的基础，主要包含以下两个层次：

一、行为上培养自理能力

从幼儿阶段开始，父母就应根据孩子的年龄，锻炼其相应的自理能力。

如果父母对孩子太过溺爱，将孩子视为家里的“小皇帝”“小公主”，把孩子当作宝贝一样捧在掌心，让其养成“饭来张口，衣来伸手”的习惯，那么，孩子一旦脱离父母，就连面对简单的生活问题都会感到无所适从。

家长们切不可以“只要你（孩子）好好学习，其他事情交给爸妈”为由，包办孩子的一切生活，甚至孩子要什么，就给什么。这样很容易养成孩子骄奢的脾性和极差的生活自理能力。

生活自理能力是从小一步步培养建立起来的，而非一蹴而就。父母不给孩子日常锻炼的机会，今后只要父母不在身边，即使上了大学，孩子也不知如何去独立、快速地适应一个新的环境。

1983年6月，魏永康出生于湖南省华容县，因母亲曾学梅从小的悉心教育，从2岁起，魏永康就已经掌握1000多个汉字，被人称为“神童”；4岁时，魏永康基本学完了初中阶段的课程；后来，他连小学也只读了二年级和六年级，到1991年10月，年仅8岁的魏永康连跳几级，进入县属重点中学读书。13岁的魏永康以总分602分考入湘潭大学物理系，成为当地年纪最小的少年大学生；2000年5月，17岁的魏永康以总分第二的成绩考入中国科学院高能物理所，硕博连读。

在魏永康上中学、大学时，考虑到魏永康年纪尚小，学校都给他的妈妈曾学梅另外安排了住处，以便照顾魏永康的生活。除放手，是给孩子信任与力量，让孩子未来可以独立前行。

了学习，家里任何事情曾学梅都不让魏永康插手，给儿子洗衣服、端饭、洗澡、洗脸，每天早晨连牙膏都要挤好。为了让儿子在吃饭的时候不耽误看书，在魏永康读高中的时候，母亲甚至还亲自给他喂饭。母亲的教育是“只有专心读书，将来才会有出息”。

由于从小专注于学习，生活全由妈妈一手包办，以至于魏永康进入中科院，离开妈妈照顾后，完全无法安排自己的学习和生活：热了不知道脱衣服，大冬天不知道加衣服，穿着单衣、拖鞋就往外跑；房间不打扫，屋子里臭烘烘的，袜子、脏衣服到处乱扔……同时，他也无法安排自己的生活，经常一个人窝在寝室里看书，却忘了还要参加考试和撰写毕业论文。

2003 年，魏永康连硕士学位都没拿到就被劝退了。直接原因就是忘了参加考试和撰写毕业论文。因为忘了参加考试，他有一门功课记零分，而没写毕业论文最终让他失去继续读博士的机会。

提起这件事，年迈的妈妈后来老泪纵横地自我忏悔：“我心想，他将来长大离开我，人这么聪明，很快就能学会的，不晓得他已经形成习惯，改不过来了。”

二、思想上允许孩子做自己

孩子在感到不安和面对自己无法解决的问题时，总会本能地跑到父母那里寻求慰藉，他们知道父母的爱会给自己温暖与支持，因

> 父亲培养孩子的独立性，不仅表现在行为方面，更重要的是在思想方面。

此为了确保可以获得这种舒适的感觉，有些孩子一直把情感的支点靠在父母身上。这些孩子在交出自己情感领地的独立权的同时，也不得不接受父母对自己行为的支配。

这类依赖思想相对更具隐蔽性和诱惑性——父母会因为觉得这类孩子“乖”“听话”而沾沾自喜，忽略了对孩子独立思想的培养。他们表面上把孩子庇佑在自己的“翅膀”之下，避免孩子受到伤害，实际是让孩子寄生在自己所设计安排的生活里。

在这种环境下长大的孩子，思想、价值、行为上都只能依靠别人，按照父母或其他权威者的要求进行思考和行动。一旦走向社会，便会无所适从，会到处寻求依靠。

然而在竞争激烈的生存环境中，他们根本找不到父母式的关爱，那么父母现在的疼爱，实际上是在剪除他们未来飞翔的翅膀。

父亲培养孩子的独立性，不仅表现在行为方面，更重要的是在思想方面。也就是说，一个人不仅要有独立生活的能力，更要有独立思考、独立决策的能力。如此才是一个真正独立的人。

在孩子的成长道路上，爸爸要学会放手，但不要缺席。

放手，是给他信任与力量，让他未来可以独立前行。

不缺席，是因为只有你，才是他的父亲，没有比这更重要的理由。

第 9 课

主动担当

——培养孩子责任意识

幼儿时，孩子骑在爸爸的双肩上，用手抱住爸爸的脖子或者头（我们叫它“骑高马”），那时爸爸的双肩担起的是孩子的快乐；

学童时，孩子从爸爸的肩上“滑”到他的背上，在无数个寂静的夜晚，玩累的孩子在父亲的背上酣然入睡，爸爸宽大的脊背是承载孩子美梦的童床；

少年时，孩子牵着父亲的大手同行，发现父亲身上虽然没有背东西，但比以前更弯，因为他扛着对家人的关爱和社会的使命；

成年后，孩子走在了父亲的前面，但他心中那个父亲担当责任的形象，已经让他在潜移默化中学会如何承担起未来的责任。

这是我对父亲如何培养孩子责任感的一种形象化的理解。

在孩子的诸多品性中，责任心应该是很重要的品质之一。一个人有责任心，才会认真，才会尽力，才有真诚的爱。有责任心的孩子，生命中会出现很多贵人，给予他们信任与支持，因为谁都希望把任务交给一个靠谱的人，由此他们将获得更多锻炼和成长的机会。

在我带青少年海外游学营的过程中，有一个女孩给我留下了深刻的印象：旅行途中，当别的孩子在自顾自地玩的时候，她时常会留意到一些细节，给予大家帮助。

有一次，因为长途旅行大巴一路有些颠簸，一个孩子感觉身体不适——晕车，突然在车上呕吐了。

当其他孩子还在惊诧和厌恶时，她主动走过去，用随身带的湿纸巾擦拭那个孩子嘴角的污秽，安慰他，并把自己前排靠窗的位置让出来给那个孩子坐。

然后她问老师和同学先要了一些纸巾，覆盖在地面的呕吐物上……

当车辆来到加油站休息区时，有些孩子赶紧下车，说受不了车上的气味，跑去给自己买零食，而她却从加油站借来一些卫生工具，带着另外两个孩子，开始一点一点地清理车上的污秽，并把其他垃圾也带下车，最后她甚至不忘在车上喷一些空气清新剂。

整个过程没有人要求，没有人指导，我只在一旁用肯定和欣赏的目光注视着她，给予一些必要的帮助。我知道，此时信任是给她最大的支持。

在随后开始的寄宿学校生活中，她的担当也很快赢得了当地老师的信任，全班一致选举她担任班长。课堂上她与老师积极互动；外出参观时，她协助老师照顾那些年龄小的孩子。

结业时，她还为每一个老师和孩子各准备了一张别具特色的简笔画。

我相信，未来的她一定可以承担起更重要的责任。

说到孩子的责任心，有些人会这样认为：孩子那么小，懂得什么责任心？责任心是成年人才能够拥有的。

如果带着这样的想法培养孩子，我们会发现，有些孩子除了学习，其他什么事情都不管，除了满足自己的需要，周边其他人都不顾，有些孩子甚至认为连学习都是父母的事情，于是厌学、辍学、染上网瘾。

这样缺乏责任感和正确价值观的孩子，在他们成年后，会因为找不到自己的生命价值与意义而迷茫，从而失去创造、进取的动力，并容易受轻浮思想的诱惑，被物质享乐吸引，并沉迷其中。显然，这是我们作为父母不愿看到的。

作为父亲，我们可以从以下六个方面培养孩子的责任感。

父母在家庭生活中所表现出的责任感的强弱，是孩子最先获得的责任感体验。

一、言传身教

言传身教，尤其是身教，对于培养孩子的责任感十分重要。

父母在家庭生活中所表现出的责任感的强弱，是孩子最先获得的责任感体验。

对任何人来说，能做好的事而不去做，那是缺乏责任感；同样，对于尽自己的全力做不到的事而硬要去负责，则是滥用责任感。

家长要经常反省自己，随时随地对自己的言行负责。

如果家长经常对人夸海口，不去履行自己的诺言，时间长了，孩子也会悄悄模仿，想怎么说就怎么说，对自己说的话不负责任。

有些父母把很小的孩子寄养在亲戚或老师家，等孩子大了或出现问题了才接回家管教。在这些孩子的眼中，父母就是没有责任感的人，那么这些孩子又怎会听进父母的劝呢？

二、爱岗敬业

要培养子女的责任感和事业心，家长自己就要敬业爱岗，有强烈的责任感、事业心。

父母可以时常有意识地与孩子谈自己的工作，把自己完成一项任务、克服一个困难后的愉快和成就感传递给孩子，使孩子能具体地感受到责任意识在生活中的重要性，从而主动、积极地养成负责

任的习惯。

因此，家长一定要加强自身的修养，要做一个有责任感的人，这也是为了孩子的健康成长。

三、从小做起

古人云："勿以善小而不为，勿以恶小而为之。"强调不论对大小事情，都要有责任心。而且，对小事的责任心往往是对大事的责任心的基础。一个对小事不负责的人，就难以养成对大事的责任心。因此，父母培养孩子的责任心，要从孩子幼时，从小事、从点滴做起。孩子做多了，做习惯了，责任心自然也就慢慢培养起来了。比如安排孩子做一些适合其年龄的家务，偶尔照顾一下弟弟妹妹，等等。

一个人的责任感，是在外界的需求和内心的意愿相互作用下形成的。作为父母，要不断给孩子创造承担责任的机会，让他们完成各种任务，解决各种问题，面对各种艰难。在这个过程中，孩子就会逐渐形成自己的主人公意识。如果这种外界的要求不断内化，形成稳固的内心意愿，那么孩子的责任感就形成了。

四、持之以恒

培养孩子的责任感，是一个长期而系统的工程，它不仅需要家长循序渐进地对孩子进行教育，更需要家长和孩子一起成长，去深入研究孩子的心理特点，并适时调整教育方案。所有这些，都要求家长能够持之以恒。而家长本身的持之以恒又给孩子起到了示范作用，促进孩子责任心的养成。

五、经验后果

当孩子犯错以后，在结果可控的前提下，让孩子亲身经历并体验其后果，是让孩子学会负责任的一种有效方式。“正面管教”中称之为“逻辑后果”和“自然后果”。

自然后果是指自然而然发生的、未经人为干涉的事情，比如孩子站在雨里会淋湿，不吃东西会饿，忘穿外套会冷。自然后果强调让孩子从自己的经历中自然地获得自己的感受。

逻辑后果是说人为的结果（但不是打骂），它的行为与后果一定是相关的，旨在带给孩子有益又有效的学习体会。比如有个孩子在电梯撒尿，爸爸知道后，没有打骂孩子，也没有替孩子逃避责任，而是在业主群内道歉，并且要求孩子承担行为后果：写下检讨书，主动打扫电梯一个月。

六、不找借口

不找借口意味着人要学会从自身角度总结、思考如何对结果负责，而非彼此攻击、推诿。

找借口是很多人推卸责任的方式，在这一点上，孩子特别容易受父母言行的影响，比如当父母争吵时，通常只会说对方的缺点，对自己的问题闭口不提，甚至怂恿孩子为自己评理。在这种环境中长大的孩子，对父母、长辈、领导不会尊重，遇到问题没勇气面对，常常找借口推卸责任，更不会主动担当。

1920年的一天，美国一位12岁的小男孩正与他的小伙伴玩足球，一不小心，小男孩将足球踢到了邻近一户人家的窗户上，一块玻璃被击碎了。

一位老人立即从屋里跑出来，勃然大怒，大声责问是谁干的。伙伴们纷纷逃跑了，小男孩却走到老人跟前，低着头向老人认错，并请求老人宽恕。然而老人却十分固执，小男孩委屈得哭了，最后老人同意小男孩回家拿钱赔偿。

回到家，闯了祸的小男孩怯生生地将事情的经过告诉了父亲。父亲并没有因为其年龄还小而“开恩”，而是板着脸沉思着，一言不发。坐在一旁的母亲一直为儿子说情，开导父亲。

过了不知多久，父亲才冷冰冰地说道：“家里虽然有钱，但是他闯的祸，就应该由他自己负责。”停了一下，父亲还是掏出了钱，严肃地对小男孩说：“这15美元我暂时借给你赔人家，不过，你必须想法子还给我。”小男孩从父亲手中接过钱，飞快跑过去赔给了老人。

从此，小男孩一边刻苦读书，一边用空闲时间打工挣钱还父亲。由于人小，不能干重活，他就到餐馆帮别人洗盘子刷碗，有时还捡捡破烂。经过几个月的努力，他终于挣到了15美元，并自豪地交给了他的父亲。父亲欣然拍着他的肩膀说：“一个能为自己过失行为负责的人，将来一定是会有出息的。”

许多年以后，这个男孩成为美利坚合众国的总统，他就是里根。后来，里根在回忆往事时，深有感触地说：“那一次闯祸之后，我懂得了做人的责任。”

第 10 课

一诺千金

——培养孩子诚实守信

在中国五千年的文明史中，诚信一直是人们的道德准则之一。

中华传统美德把诚信视为“立身之本”，要求人们“内诚于心，外信于人”。

历史上的先贤也为我们留下了许多诚信的佳话，如曾子杀彘、商鞅徙木立信、季布一诺千金等，至圣先师孔子就曾在《论语·为政》中说：“人而无信，不知其可也。大车无輗，小车无軏，其何以行之哉。”

诚信也是现代社会不可或缺的个人无形资产。

那么如何来积累这笔“资产”呢？首先要从遵守我们的承诺开始。

20 世纪 70 年代，一位新生到北京大学报到。他刚到首都，人地生疏，战战惶惶。一个人肩扛手提，由于行李太多，不便提着行李办理新生报到。

当他在未名湖旁犯愁时，看到一位穿着洗得褪色的中山装的老人，还戴着北大的红校徽，断定这个人是学校的老校工，就主动向老人打招呼：“大爷，请帮我照看一下行李好吗？我去办理新生报到。”老人爽快地回答说：“行！不过要快点回来。”于是那位新生手忙脚乱中把行李托付给那位手提塑料网兜路过的“老校工”。

新生东奔西走，待忙过一切，已时过正午，这才想起扔在路边托“老校工”照看的行李，当即吓得灵魂出窍。一路狂奔着找回去，只见烈日下那位“老校工”仍呆立路旁，手捧书本，悉心照看自己的行李。那位新生对“老校工”千恩万谢，庆幸自己吉人天相，头一次出远门，就碰上好人。

次日开学典礼，那位新生看见昨天帮他看管行李的那位慈祥的“老校工”竟也端坐在主席台上。那位新生找人一问，原来“老校工”就是鼎鼎大名的北京大学副校长季羡林先生。

虽然这个故事有点像电视小品，但其情节是生动而真实的。央视某栏目主持人曾当面向季老核实过此事，季老回答：“有这么档子事儿！但关于称谓得更正一下，那个新生当时不是称我‘大爷’，而是称我‘老师傅’！”诙谐幽默的自我调侃再次让我们感受到季老谦和、低调、可亲而高尚的人格魅力。

一位身兼大学校长、教授、学者等多重身份的老人，只因一诺，可以为一位素不相识的新生守行李，实在令人敬佩。季老用他作为孩子品格的塑造者，父亲要从小开始培养孩子的诚信意识，尤其要让孩子亲历失信的后果。

的言行为我们树立了守诺的典范。

诚信的约束不仅来自外界，更来自我们的自律心态和自身的道德力量。作为孩子品格的塑造者，父亲要从小开始培养孩子的诚信意识，尤其要让孩子亲历失信的后果。

有一天我儿子去一个同学家玩，看到下雨，儿子又没带伞，于是我打电话给儿子，约好晚上 8 点去接他。

等到我 7：55 来到他同学家楼下时，还没看到儿子的影子。于是我给儿子打电话，没人接。等到 8 点钟儿子依然没有下来，我又给儿子打电话，还是没人接。我只好在楼下又等了 10 分钟，没见儿子下来，打电话也没人接。于是，我开始往家走，准备等儿子联系我。

果然，等到 8：20 电话响了，儿子问我在哪里。我说我已经走到家楼下了，儿子用略带哀求的声音对我说："爸爸，你能不能来接我？"当时我真想马上回去接他，但想想还是忍住了。我平静地对他说："刚刚在约定的时间我已经去接你了，但你晚了 20 分钟，而且没有给我打电话，你失约了。现在，我就在家楼下等你，我相信你这次会遵守承诺的。"

不到 10 分钟，儿子跑了回来，头发衣服都已经淋湿。当时我心里也挺心疼，但嘴上只说："回去吧，赶紧洗澡。"

回到家，等儿子洗完澡，我问他为何没有按时下楼和接电话，儿子愧疚地说，他和同学玩电脑没注意时间，手机因为调成静音放一边，所以没听到来电。

我又问他回来的路上淋雨是什么感觉。他说，又冷又怕又着急，还很愧疚。

我说："对，记住这种感觉，这就是失信于人的感觉。今天你没有守时，只是淋雨，只是一个人走夜路。如果今后爽别人的约，可能会错过一次重要的面试或者合作机会，可能会失去朋友的信任，甚至有一群人要为此付出代价。一个人的信用就像玩多米诺骨牌，建立的时候是一点点地积累，需要长期的努力和耐心，才会码出宏伟、震撼的图案，但毁掉它只需推倒其中一块。一次不小心的失信，比一次失败更糟糕。"儿子难过地低下头，轻声地说："对不起，我下次再也不会了。"

看到他也意识到问题的严重性，于是我走过去，摸着他的头，说："爸爸永远都是信任你的，虽然刚刚爸爸也不开心，但我知道你从这件事中会学到一些东西。上天通过这种方式在温柔地提醒我们什么呢？把这次的感受写下来吧，这将是你成长中的一笔财富。"儿子点点头，认真地在书桌上写起来。

我知道，坏事变成了一件好事。

父亲重视孩子的诚信意识培养，首先就要给孩子做守信的榜样，对孩子说的话不可当成儿戏。

承诺孩子的话，一定要尽力做到。

如果明知做不到，即使面对孩子的哭闹也不要随口答应；

如果答应后，因为各种原因没做到，父母应向孩子道歉，并作自我批评，争取赢得孩子的谅解，事后还要设法弥补，切不可一而再再而三地失信于孩子。

诚如宋代思想家张载曾说：“勿谓小儿无记性，所历事皆不能忘。”

在我接触的所谓“问题孩子”中，最棘手的不是有网瘾、玩手机、辍学、早恋的孩子，甚至不是打架、吸毒的孩子，而是对父母失去信任的孩子。因为，父母作为孩子安全感最重要的提供者，一旦经常对孩子失信，孩子就会对他的生存环境产生极度的恐惧感，甚至可能由此怀疑和仇恨身边所有的成年人，进而对他人产生一系列防御和攻击行为。

记得有一次，我在社交与演讲训练营中担任助教义工。开营当天来了一个十来岁的小女孩，打扮得特像一个男孩子，但她似乎很反感参加训练营，一到现场就对其他义工老师和同学充满了仇视，动不动就打同学、咬老师。也不知道为什么，这孩子就是喜欢跟我在一起，只要我带着她，她就乖得像一只小猫，甚至为了和我待在一起，非要住进我所在的男生宿舍。那几天，我像对自己女儿一样地爱护着她。后来，从她那里得知，原来她父母离异，她一直跟着她妈。妈妈恨爸爸，经常在她面前说爸爸的不好，还一直不让她见爸爸。同时，因为妈妈工作也忙，虽然答应带她去玩，但最后常常失信。就连来参加我们的训练营，也是骗她说去游乐场，所以才有了刚开始她反抗的行为。在一次户外活动时，我留意到她看中了一件景区的小玩偶，但因为她手头没钱就没买成。于是，我背着她悄悄买下了那件玩偶。后来，我向她许诺，如果她能完成我们的演说任务（找陌生人演说并获得签名）就会给她一个惊喜……我永远不会忘记她在完成任务后，拿到那件礼物时的感动与欣喜。我想，也许这件小礼物会告诉她，这个世界上还是有人可以相信的。后来，我也特别提醒她妈妈要注意处理好对她爸爸的情绪，尤其要对孩子守信，避免她以后因为对大人的怀疑而误入歧途。

诚信是一种美德，它可以让我们的生活环境变得更美好。

诚信是人与人之间的纽带，它可以让人们更加亲近。

诚信是一种语言，它可以让人们敞开心扉交流。

诚信是亲子沟通的重要基础，亲子关系，诚信为先。

在中国，

历来有“严父慈母”之说，

父亲被称为“家严”。

《三字经》上“养不教，父之过”

告诫我们：

父亲应当承担教育子女的主要责任。

所谓“教”，“上所施，下所效也”，

一则言教，一则身教，而身教重于言教，

身先垂范乃为父之天职。

古人将父亲的家庭教育功能定义为：

通过言传身教给孩子订立规则，

助力孩子成人。

第三章

规则建立

GUIZE
JIANLI

第 11 课

勿存侥幸

——教孩子敬畏规则

在所有关于父教的书中，每当提到父亲的家庭教育功能时，无一例外都会说到一个词——规则。

在中国，历来有“严父慈母”之说，父亲被称为“家严”。

《三字经》上“养不教，父之过”告诫我们：父亲应当承担教育子女的主要责任。所谓“教”，“上所施，下所效也”，一则言教，一则身教，而身教重于言教，身先垂范乃为父之天职。

“不以规矩，不能成方圆”，所谓“规矩”，最初是指用以制定方圆的工具，后来被引申为一种约束人的行为的规范和法则，也就是我们说的“规则”。

综上，古人将父亲的家庭教育功能定义为：通过言传身教给孩子订立规则，助力孩子成人。

在西方，弗洛伊德曾说：“孩子眼中的父亲是集法律、约束力、威严、权力于一身的超人。”父亲在孩子眼里往往是社会秩序和纪律的象征，孩子对父亲是既敬又怕的心理，并且在此心理上模仿父亲，认识社会道德规范。父亲是孩子由家庭通向世界的桥梁，是规则之源。美国著名教育专家杜布森博士曾有一句名言：“让一个男孩和一个合适的男人在一起，这个男孩永远不会走上邪路。”

今天，绝大多数家长都知道，在家庭教育中，要给孩子订立规则并教导孩子遵守规则，我们也无须在此再探讨遵守规则对于孩子的重要性，然而，为何依然有那么多孩子违反规则？

因为，成人，尤其是孩子的父母，在生活中经常带头违规，他们抱着侥幸的心理，觉得方便比规则更重要，或者只是想要占小便宜，比如：

在十字路口，红灯亮了，却拉着孩子一路飞奔，或骑着电单车逆行抢道（成人觉得自己的事情最紧急重要，别人就应该给自己“让道”）；

在旅游景点，当着孩子的面，随意丢弃果皮，攀折花木，涂抹刻画（成人觉得旅游就图自己玩得方便开心，景区工作人员应该负责清理打扫）；

在购票游览的地方，带着孩子插队，或者逃票（成人觉得孩子小，想省钱、省时间，其他大人应该能够理解并忍让）；

在禁止下水的河段、水库，不顾劝阻，下河游泳（成人觉得自己水性好，而且野泳刺激，不用花钱就能享受“清凉”）；

在动物园的猛兽区，打开车门，中途下车（成人觉得下车可以近距离接触猛兽，动物园应该有安全保障措施）；

在公交车上，因为过站，谩骂司机，抢夺方向盘（成人觉得公交司机应该提醒自己下车并提供出行方便）；

…………

新闻报道中出现的各类安全事故，通常都有一个相似之处——有人违反规则，甚至当安全员对其进行制止时，当事人还会以各种理由加以阻挠，觉得对方多管闲事。说到底，是因为这些人总抱着侥幸的心理，觉得“就这一次，不会出事吧？”但最后偏偏事故就发生了。

2019年6月13日晚，浙江金华义乌，54岁的庞某骑着电动车，后座载着妻子，在经过路口时，不仅闯红灯，还驶入了机动车道，和正常绿灯行驶的出租车发生碰撞。尽管庞某和其子女一致认为自己这方是弱势群体，出租车驾驶人应该承担一部分责任。而交警认定：事故原因清楚，电动车驾驶人庞某负事故全部责任，出租车驾驶人无责任。

通过言传身教给孩子订立规则，助力孩子成人。

2018年10月8日，一段名为“八达岭长城保洁大爷劝阻游客扔垃圾被围殴”的视频在网上流传，引发网友热议。视频发布者说，八达岭长城一天有垃圾10余吨，全要靠清洁工背下山。随手丢一个垃圾，清洁工就要弯腰去捡。曾有保洁人员接受采访，说每个保洁人员在长城上估计一天要弯腰五六千次。

2013年9月21日，一名宁波驴友在逃票进入新昌千丈幽谷景区后失踪，后经当地人员18小时的搜救，最终确认遇难。

2019年7月21日，在梅州梅江区泮坑水库，一男子野泳时溺水身亡。尽管该水库四周岸上早已设置了60多块“禁止游泳”的警示牌，并有值班保安每天不定时巡查劝阻，但仍有市民在事发后继续犯险游泳。

2015年8月12日，一名女性游客在秦皇岛野生动物园白虎园区参观时自行下车，遭到老虎攻击受伤。事发后，秦皇岛野生动物园迅速组织救治，但该游客在送往医院后，经抢救无效死亡。

2018年10月28日，重庆万州，因道路改建，“渝F27085”公交司机提醒乘客在上一站提前下车，乘客刘某当时未做出反应。发现过站后，她与司机发生争吵。当车辆行驶上大桥后，刘某甚至持手机击打司机头部，最终导致公交车失控坠河，司机和乘客15人全部罹难。

有的违规行为，可能当下没有立即发生严重后果，或者后果没有降临到本人身上，这些人或许还会觉得自己无比幸运。但其实，这些心存侥幸的人，可能毁掉的是孩子的未来——因为他们在教育孩子上也存在着侥幸的心态：“我就做这一次，应该不会给孩子带来什么不利的影响吧？”殊不知，我们的“一次”，是孩子今后“很多次”的开始。

所以，我们家长一定要明确一个观念：规则存在的意义是什么？是为了方便他人管理我们吗？是让我们行为受限吗？不！规则存在的意义是“保护”，是在发生问题甚至经历无数次流血或付出生命的代价后换来的经验。如果我们不遵守，那么可能会发生同样的事故。

我们常说“人在做，天在看”，真正的规则，不是人定的，而是天道，是不论你是否承认，是否敬畏，它都存在的规律。规则，不过是对这种规律的反映。

随着时代的发展，有些规则，也许的确有需要改变或者优化的地方，但除非我们已经强大到可以制定规则，否则请不要带着侥幸去尝试挑战它。或者，若我们已经做好了承担一切违规后果的准备，就不要在事后责怪他人。

教育孩子也不能心存侥幸，如果父母不成长，不学习正确的教育方法，用错误的教育模式对孩子造成伤害，今后也是要埋单的，不是吗？

那么，怎么让孩子明白这一点，并愿意遵守规则呢？

在我们青少年海外游学营定向会上，我会以规则的形式将之前出行中积累的经验分享给孩子们，有些孩子听得很认真，有些孩子却不以为意。面对这些孩子，除非关乎生命的事情，否则我不会强调第二遍，我希望让他们去经历，让他们通过犯错来积累教训，让他们意识到规则是用来保护他们的。

有一次，我们入住一家酒店，按照惯例，我把两张房卡都发给孩子，让他们自行保管（锻炼他们为自己负责任的能力）。

第二天，我们早早起床赶飞机。当其他孩子陆续把行李搬上车后，有两个孩子焦急地来找我，因为他俩刚刚出门时都忘带房卡了，但行李还没有拿出来。让人着急的是，当时找不到酒店服务员，根本无法开门。

紧要关头，多亏当地导游通过酒店总台为我们叫来了服务员，才把门打开。

为了两张房卡，险些让我们二十几个人误了飞机，所有人都虚惊一场。

上车以后，我问孩子们今后如何避免类似的情况。孩子们说，一定要保管好自己的物品。同时，我们商定，今后每个房间只给孩子们发一张房卡，另一张由老师统一保管。

一条新规则产生了，同时，大家也明白了规则建立的目的——保护我们。

第 12 课

善恶一念

——及时制止“熊孩子”的“坑爹”行为

前些年，在网络上有个热词，叫“坑爹”，近段时间，网络上又多了一个热词，叫“熊孩子”。当遇上“坑爹”的“熊孩子”，会发生什么样的惨剧呢？

2018 年 1 月初，某汽车销售公司地下车库的 30 多辆纯电动汽车被人损坏，累计损失达 20 万元。民警调查之后发现“凶手”竟然是一群 10 岁左右的小朋友，他们见有的车钥匙没拔，便坐上车驾驶起来，像玩碰碰车一样横冲直撞，最后造成了汽车不同程度的损坏……

2018 年 2 月 23 日，在重庆某小区内，有一名男孩在乘电梯时，由于周围没有其他人，竟然冲电梯的楼层按键撒尿，但让他万万没有想到的是，因此造成电梯线路故障，楼层按键闪烁不停，随后电梯内一片漆黑，他被困在了电梯内。物业发现电梯故障后，立即安排人员维修，随后电梯恢复正常。而当物业人员找到“熊孩子”的父母，要求其赔偿损失时，“熊孩子”的父母却辩解：自己孩子这么小，根本尿不了那么高，而这位“熊孩子”也不承认自己的行为。当物业工作人员拿出监控视频证据时，他的父母才承认自己孩子做得不对。

“熊孩子”的“威力”可不仅仅是财物损失，有时可能是流血甚至付出生命的代价……

2017年7月3日，在长沙某小区，2岁的莉莉与另外两个小孩子一起玩耍，进入了电梯。孩子们原本按的是9楼，其中5岁的小男孩却蹦跳着按亮了18楼的按钮。电梯到达9楼后，3个孩子本来一起走出去，其后小男孩却将2岁的莉莉重新抱回了电梯，并将她一个人关在里面，被电梯带到了18楼。电梯到达顶楼开门的一瞬间，2岁的莉莉本能地朝着外面的阳光走去，谁想到顶楼的护栏失修，莉莉一脚踩空，从18楼坠楼身亡……

2018年3月，一位知乎网友发帖说，自己怀孕4个多月的嫂子被姑姑家身高一米四，体重120多斤的孙子很用力地猛推了一把，要不是当时自己眼疾手快，及时地架住了嫂子，那后果真的很难想象。当被问及为什么要推搡孕妇的时候，这“熊孩子”满不在乎地说：“我看电视上孕妇摔了会流产，我就想看看推倒她

后她会不会也流产。”

2019年4月，徐州的王先生推着自己的孙子在小区散步，突然空中落下来一块石头，把孙子的右腿给砸伤了。气愤之下，他立即拨打电话报警，并把孙子送到医院接受治疗。经过民警调查，原来是3个熊孩子扔的石头。3个读6年级的孩子跑到楼顶扔东西玩，他们连续扔了好几天，开始只是扔一些沙子，后来又换成小石子，最后又换成鹅卵石。而王先生的孙子就是被鹅卵石砸到的。

…………

打开网络搜索，这样的案例数不胜数，疯狂的“熊孩子”们不知道底线在哪里，但他们知道，即使自己犯了错，家里人也不会怪罪，还会帮自己和外人理论，甚至动手！所以，他们才会愈发骄纵蛮横，有恃无恐。而最后，“熊家长”总会拿“他只是个孩子”作为借口，来逃避责任。是的，不满14周岁的儿童故意实施任何刑法禁止行为，均不负刑事责任。可这并不代表“熊孩子”可以为所欲为。

其实，这个世界上没有天生的坏孩子，天使和恶魔之间，有时候只隔着一对“熊父母”的距离。但惯子如杀子，从小恶到大恶，只有一步之遥；从“熊孩子”到杀人犯，也只有一线之隔！父母不孩子教育无小事，父母不教育孩子，等到社会来替我们教育的时候，孩子的未来就已经毁了。

教育“熊孩子”，早晚会有人狠狠地教育他。

犯罪心理学教授李玫瑾老师说：孩子出现行为问题或者心理问题，如逃学、撒谎、有网瘾、顶撞父母、离家出走等，多在12—18岁。但是这一年龄段的行为问题和相关的心理问题都源于12岁之前，并且源于父母对孩子的抚养方式。俗话说，3岁看大，7岁看老。小孩子的恶如果没有得到及时的制止，会成野蛮生长之势，一发不可收拾。孩子教育无小事，父母不教育孩子，等到社会来替我们教育的时候，孩子的未来就已经毁了。

那么，“熊孩子”该如何“治”呢？或者说，如何才能既不湮灭孩子那好奇、喜欢探索和冒险的天性，又把孩子培养成富有规则感的孩子呢？

首先，教育孩子，请从培养依恋感开始。

心理学研究表明，家庭教育的黄金阶段是12岁之前，即依恋期。研究发现，依恋感的建立，对个体爱心的培养、亲社会行为发展以及未来道德人格形成具有重要的意义。它不仅是个体归属感、安全感、信赖感、亲切感形成发展的基础，而且也是道德人格发展形成最重要的基础。每一个问题孩子，归根结底，都是因为缺爱。给孩子正确的爱，教会他们感受爱并学会爱，才不会为未来埋下隐患。

但，爱孩子并不是无节制地溺爱。爱子有度，方能教子有方。

其次，给孩子划定清晰的边界。

对孩子的错误行为不加以规范和约束，总是以爱的名义做出让步，就不能给孩子构建应有的框架和边界。父母总以为是保护孩子的自尊，实际上是在不经意间毁掉了孩子的一生。

树立边界感，就是要让孩子明白，这个世界上没有人有义务包容他的错，他不是世界的中心。一个边界感清晰的孩子，才能懂得尊重的含义。作为父亲，一定要在孩子小的时候就教会他，不随便给别人添麻烦，如果打扰或伤害到别人一定要说“对不起”。这样，他们就不会在电影院随意走动，不会在图书馆大吵大闹，不会在酒店大堂沙发跳来跳去……

边界的建立，不是一朝一夕的。最重要的是，孩子在我们成年人的身上，看到我们是如何处理边界问题的——如何有力量地拒绝，如何有弹性地接纳。这些，最终都会内化到孩子的心里，成为他心灵的边界和力量。

有一次，我带3岁的儿子到小区里玩耍，孩子玩得兴起，就到草地上奔跑，全然没在意草地上立着的“禁止踩踏”的牌子。我赶紧把孩子叫出来：“你知道吗？刚刚你踩过去那片小草也是有生命的。如果别人踩了你，你会感觉疼吗？”孩子不好意思地说：“那我对它说对不起，可以吗？”我点点头。于是孩子认认真真地对那片草地说：“小草，对不起。下次我会注意的！”这类事情，我都会这样要求孩子，慢慢地，孩子在和小朋友玩耍的过程中，如果有“误伤”他人的行为，他会习惯性地道歉：“对不起！”

第三，教会孩子以合适的方式“找乐子”。

很多“熊孩子”闯祸，刚开始仅仅是因为觉得好玩、好奇，或者是想报复和捉弄谁。父母可以引导孩子从“你哭，所以我笑”，变成“你笑，所以我笑”，把“熊孩子”变成“英雄孩子”。

在我们青少年海外游学营中，曾经来了一个英语特别好的孩子，自理能力很强，也非常活泼，就是有些顽皮。有一天，我们入住一家酒店，到晚间休息的时候，我房间的座机响了，我拿起听筒，对方却没有说话。过了一会儿，有好几个孩子跑来告诉我，说他们刚刚接到了警察局的电话，大致意思是说怀疑他们中间有毒贩，待会儿警察会到他们房间进行搜查。这让我感到有些诧异，因为我刚刚巡视过，没有发现任何异常。当然，为了稳妥起见，我又逐一去每个孩子房间了解情况，终于发现了原委——那个孩子冒充警方给其他孩子房间打电话，故意捉弄同学。第二天上车以后，我没有点那个孩子的名，而是给孩子们讲了一个故事。

一天，一名大学生和一位教授一起去散步。途中，他们看到小路上放着一双旧鞋。他们猜这鞋子是在附近田地劳作的某个穷人的，他也差不多该收工了。

学生扭头对教授说：“我们来逗逗这个人吧。先把他的鞋藏起来，然后躲在那些灌木丛后，等着看他找不到鞋子的窘态吧。”“我年轻的朋友，”教授答道，“我们永远都不应该把自己的快乐建立在损害他人的基础上。既然你有钱，可以通过帮助穷人，让自己得到更大的快乐。在每只鞋里各放一枚银币，然后我们躲起来，看看他对这个意外发现会有什么反应。”学生照教授的吩咐做了，随后他俩躲进附近的灌木丛里。

不久，那个穷人干完活回来，穿鞋的时候，感觉脚碰到了一个硬硬的东西，他弯腰一看，发现了那枚银币。他看了看四周，可是连一个人影都没有。于是，他把钱放进口袋，去穿另一只鞋。当他发现另一枚银币后，更是倍感惊异。他大为感动，跪倒在地，仰望上苍，嘴里念及自己患病无助的妻子、食不果腹的孩子们，现在这些雪中送炭的慷慨救助将会使他们免于一死。

那名学生站在那里深受感动，眼中满是泪水。“现在，”教授说道，“与你先前预谋的恶作剧相比，你难道没有感到更快乐吗？”年轻人回答道：“您给我上了一堂终生难忘的课。我现在终于领悟到这句话的真谛——给予比接受更幸福。”

把故事讲完，我特意看了一眼那个孩子，我发现他的脸颊红了，目光对视的那一刻，他羞愧地低下了头。停了停，我又说：“能力越大，责任越大，上天给予我们的能力，是用来帮助别人，而不是用来伤害他人的。伤害他人的孩子，叫‘熊孩子’；帮助他人的孩子，叫小英雄。你愿意成为熊孩子，还是小英雄呢？”

从那天开始，我发现，这个孩子变了，变得积极主动，有团队合作意识，成了孩子们心中乐于助人的小英雄，也成了我的好帮手。

第 13 课

允许犯错

——让孩子在犯错中成长

前面我们提到父母要带头遵守规则，面对规则不能心存侥幸，同时，用“不以恶小而为之”的心态教育孩子，避免他们成为经常闯祸的“熊孩子”。但凡事皆有度，过犹不及，我们不能因此走向另外一个极端——不允许孩子犯错，哪怕小错也不可以犯。

不允许孩子犯错的教育将导致严重的后果，因为孩子不可能不犯错，过于苛责孩子的家长，会迫使孩子用谎言来逃避责任与惩罚。没有机会犯小错误的他们，等到长大之后会犯更大的错误，而那很有可能让他们一蹶不振。

2010 年 10 月 20 日，西安音乐学院大三的学生药家鑫驾驶一辆红色雪佛兰小轿车在返校途中撞上前方同向骑电动车的张妙。药家鑫下车查看，发现张妙在记自己的车牌号，因怕张妙以后找他麻烦，遂转身从车内取出一把尖刀，连捅张妙8刀，致其死亡，后驾车逃跑，行至郭杜南村村口再次撞伤行人，被周围目击者发现、堵截并报警。2011年4月22日，药家鑫因犯故意杀人罪，一审被判处死刑，剥夺政治权利终身，后药家鑫上诉。2011年5月20日，陕西省高级人民法院裁定，驳回上诉，维持死刑判决。2011年6月7日，药家鑫在西安以注射方式被执行死刑。

二审判决认为：药家鑫故意杀人犯罪的动机极其卑劣，手段特别残忍，情节特别恶劣，罪行极其严重。但在此之前，药家鑫并非一个十恶不赦的人，相反，他的成长道路没有污点，学习优秀，得过各种奖励。是什么样的原因导致他犯下如此不可饶恕的罪行呢？从后来央视记者的采访中我们得知，是父亲过分严厉导致药家鑫害怕犯错误，更害怕承担犯错误的后果，这种心理可能就是酿成其驾车肇事后杀人灭口的原因。药家鑫被判处死刑后，他的父亲药庆卫在微博中反省说："我平时管教孩子过于严厉，令孩子在犯错之后害怕面对，不懂处理，最终酿成大错。"

不让犯错，本身就是家庭教育中最大的错误之一！

首先，犯错有生理层面的因素。

众所周知，大多数男孩要比女孩顽皮，犯错概率也高一些：他们走路蹦蹦跳跳，喜欢捣蛋，甚至喜欢恶作剧捉弄别人……这些常常让我们无法接受的男孩行为，其实都是他体内“睾丸激素”在作祟。有资料显示，男孩要经历4个睾丸激素爆发期。

第一个爆发期：刚出生时，男孩体内的睾丸激素相当于一个12岁男孩体内的睾丸激素含量，之所以这么高，是因为宝宝一出生，需要用这些激素来刺激身体发育，不断发育成一个真正的男孩子。但在出生以后的几个月内，睾丸激素含量会下降到刚出生的1/15，这时候男婴女婴的行为表现又相似了。

第二个爆发期：4岁开始，男孩睾丸激素含量再次激增，将达到之前的2倍！所以，他们会对战斗、英雄行为、冒险游戏产生浓厚的兴趣。体内睾丸激素剧增，就需要一个发泄口，那就是我们为之头疼的“调皮好动”。5岁后，男孩体内睾丸激素含量会下降一半。

第三个爆发期：11—13岁，男孩体内的睾丸激素再次剧增，会达到蹒跚学步时期的8倍之多，并在14岁的时候达到最高值。细心的父母会发现，男孩的四肢快速发育。由于发育过快，男孩的大脑组织重新整合，这才导致他们在那几个月时间内变得木讷。这是男孩进入青春期的征兆。14岁，当睾丸激素达到最高值，粉刺眨眼蔓延至男孩的脸庞，强烈的性意识在他脑中挥之不去，通常以暴躁不安作为发泄方式。

帮助孩子从错误中逐渐了解这个神秘的世界，知道和世界沟通与协调的办法。使其逐渐变得更有智慧。

第四个爆发期：24—25岁的男孩，他体内的睾丸激素含量仍然很高，但经过青春期的自我适应，他能逐渐把控自己。随之而来的是，睾丸激素促使他往积极的方面发展，男孩变得有目标，热爱竞争，渴望保护别人，创造力不断涌现。这种睾丸激素导致的旺盛精力，成为男孩事业发展期最重要的激情支柱！

当我们了解到男孩体内的睾丸激素像过山车一样起伏，就明白了问题的深层根源，也会多一份对男孩的宽容。

其次，和生理成熟需要时间一样，心理层面的成熟也需要时间。

错误正好让孩子暴露心理层面的弱点，给父母提供教育的机会，这也是孩子心理成长的机会。明智的父母，会利用孩子的每一次犯错，帮助他们前进一大步，并且从此明白很多事理。

作为父亲，我们应该帮助孩子从错误中逐渐了解这个神秘的世界，使其知道和世界沟通与协调的办法，逐渐变得更有智慧。假如父亲过于严厉，而使他们永远不敢犯错，那么他们终将唯唯诺诺，一事无成。

在我带青少年海外游学营的过程中，有几天时间是在学校度过的，孩子们白天参加课程学习，晚上住在当地人家里。

第一次的校园生活给我留下了难忘的印象：第1天有个孩子不愿去上课，逃学；第2天，我们两个中国孩子因争抢足球而打架；第3天，我们的孩子和外国同学发生口角，被外国老师没收手机……那几天我的手机只要一响，接到的就是当地老师的投诉。

好不容易结束了校园生活，当我问到孩子们学习感受时，很多孩子对我说，他们感觉被歧视，因为老师和外国同学不待见他们。

我非常郑重地对他们说："我也感觉到被歧视，因为我每天要面对投诉。但我首先得向大家道歉，因为老师投诉的虽然是我们学生，但作为领队，学生的错就是我的错。"说到这里，很多孩子低下了头。

我继续说："当然，我们换位思考，假如第1天，我们看到他国孩子不上课，还逃学；第2天，看到他国孩子彼此因为争球还打架；第3天，他国孩子因为玩手机而影响其他同学，引发争吵。请问大家会怎么看他国的孩子？尊严，不是要来的，是用实力争取来的。就像在20世纪初，当中国还处在风雨飘摇、列强入侵的年代，一群有为的中国人，詹天佑、李四光、徐志摩、周恩来……他们走出国门，凭着自己的努力，在科技、文化、政治等各个领域，为中国赢得荣誉。今天，我们的国家强大了，我们也走出了国门，但我们在他们外国人面前，展现的是什么？请记住，今天，他们的嘲笑，不仅仅是对我们中间任何一个人，而是对我们每一个中国人。我们，让中国蒙羞了。”那一刻，我看到几乎所有孩子的眼眶里，都滚动着泪水，那一刻，他们内心在挣扎。

过了一会儿，我握了握拳头，接着说：“但，作为能够走出国门的孩子，至少说明我们的家庭条件比较优越，父母给我们提供了最好的成长机会。在和大家的接触中，我感觉到，我们每个人身上都有优点。只要我们更努力，从跌倒的地方尽快爬起来，跑得比别人快，我们一定能够赶上去，以后一定会超越他们。就像我们的祖国，曾经落后挨打，今天不也排到了世界第二吗？所以未来，我们的国家，将在我们的手中，成为世界第一。那时，看谁还敢笑话我们！孩子们，有没有信心？”“有——”那一刻，孩子们的脸上洋溢着自信的笑容。

如上所言，面对孩子的错误，最重要的是成人的心态和表达方式，这将直接决定孩子的反应，以及是否能把犯错当作成长的机会。

如果父母不能容忍孩子出现任何过失，一看到孩子犯错误就大动肝火，有时甚至拳脚相向，孩子当然会用撒谎、找借口和对抗来保护自己。其实这是我们内在恐惧的表现，我们把孩子的错误，变成了自己更大的错误。

如果我们相信，孩子的问题是多方面原因导致的，我们家长错误的教育方式也是原因之一，在批评孩子之前，首先进行自我批评，坦承自己的不足，承认错误，这样不仅不会降低我们的威信，反而会让孩子学会主动承担责任。

总之，面对孩子犯错，家长既不能熟视无睹，也不要小题大做；可以表达自己的愤怒（“你这样的行为令我很生气”），但不要愤怒地表达（不要一边摔孩子的东西，一边说：“我哪有生气了？”）；可以批评孩子错误的行为，但不要打击他们的自尊，更不要借机羞辱。如果批评完孩子，孩子感觉没有力量，那这样的批评只是父母在发泄情绪；如果批评都带着爱，孩子听完后感觉到有力量，看到希望，有了行动的方向，那他们也是愿意接受的。

允许孩子犯错，也允许孩子通过错误发现人生的真谛。只要家长发现错误就及时帮他们纠正，及时引导他们认识错误的原因，错误就是他们积累人生经验的过程，就是成长的机会。

第 14 课

允许自主

——放手给孩子成长空间

前面我们提到要给孩子订立规则，划定清晰的边界，这里有个前提——作为父母，我们了解孩子的身心发展规律，可以随着孩子年龄调整某些“边界”。

比如，孩子 2 岁时我们不允许他单独上街，因为这是他的“边界”，但如果他 12 岁了，我们还不允许他单独上街，那就会让他觉得父母不信任他，甚至觉得没有自由，进而开始变得“叛逆”。

“叛逆”——这个令很多青春期孩子的家长头疼的问题，背后的真相到底是什么？

当我问家长：“为什么说孩子‘叛逆’呢？”他们常常会说：“我说话，孩子不听，这还不叫‘叛逆’吗？”

如果“A 说话，B 不听”，B 就是‘叛逆’，有一天我们会作为父母，我们了解孩子的身心发展规律，可以随着孩子年龄调整某些“边界”。

发现两个孩子在一起交流……

“你发现没有？我爸爸妈妈很‘叛逆’呢！”

“为什么？”

“因为我说话，他们都不听！”

发现没？其实孩子说话我们也不听。不仅如此，做了父母的我们，也不一定会百分百听我们自己父母的话；夫妻之间，彼此都是成年人，也不会百分百听对方的话。

原来，一个人只要有了自己的思想，觉得自己是一个独立的人，就不可能百分百听另外一个人的话。

如果这被称为“叛逆”，那我们会发现，这个世界上，除了我们本人，其他人都很“叛逆”！因为他们都不是百分百听我们的。

什么是叛逆？我常常做这样一个比喻：

一间屋子里种着一棵树，刚开始树很小，可以自由地生长。小树一天天长大，屋子却不会增高。直到有一天，树枝顶到了屋顶。这时屋顶不开心了，对树说：“你怎么敢顶撞我？你怎么这么叛逆？”树很委屈，因为不管屋顶允不允许，它始终会长高。为了应对这个不长高的屋顶，小树现在能够采取以下三种策略：

一、继续往上长，最后穿破屋顶，获得他的空间。

二、迫于无奈，无法向上生长。它只好横向伸展枝干，最后从叛逆的孩子在对父母说“不”时，其实那是在对他自己说“是”，那是生命的呐喊，是孩子寻求思想独立的标志。

门或者窗子找到出口。

三、顶不过屋顶，又找不到门窗，它终于在与房顶的对抗中“啪”的一声，折断了。

这里“屋顶”代表的就是家长，而“树”代表的就是孩子。

第一种情况的孩子，会以所谓“叛逆”的形式对抗父母，由于生命力异常顽强，最终他们绝处逢生，获得了自己的空间，成为自己生命的主宰。

第二种情况的孩子，他们渴求通过对抗父母获得自由，但父母的力量实在太强大，或者他们不忍心给父母造成更大的伤害。所以，他们唯一的办法就是选择逃避——或者离家出走，或者关上自己的房门（心门）。

第三种情况的孩子最可怜，他们无法战胜父母，又无处可逃，最后他们只能选择自我毁灭的方式——自暴自弃，自残，甚至自杀。

这，就是“叛逆”的真相——

“屋子”不愿意长高，却要打压一棵不断长高的“树”。

“叛逆”的孩子在对父母说“不”时，其实那是在对他自己说“是”，那是生命的呐喊，是孩子寻求思想独立的标志。

那些进入青春期的孩子，之所以和父母发生冲突，很多情况下是对父母过度关怀（控制）的反抗，他们不愿意别人支配自己的一

父母能调整心态，进而转变沟通模式和行为模式，
那孩子的“叛逆”行为就有望减少，甚至消失。

切，需要在他人面前显示自己的独立存在，显示自己是一个独特的生命个体。在我接触到的实际案例中，青春期孩子的“叛逆”行为往往发生在父母双方过度管制（尤其父亲常常用肢体和语言暴力惩罚孩子），或者母亲强势管控、父亲缺位的家庭中。

不“叛逆”就要妥协，失去自我，所以孩子用“叛逆”对父母宣战。

有家长可能会问：“这样说来，难道‘叛逆’是不可调和的吗？”

当然不是！如果我们相信树长高是它的必然趋势，那作为家长的我们，所要做的就是不断地加高我们的“层高”，使得屋顶“长高”的速度和树保持一致，甚至超越树长高的速度。其实，也就是我们家长不断地学习成长，了解孩子心理和生理的发展规律。

很多时候，我们对孩子过度管束，表面上是因为我们爱孩子，实际上源于我们内心的焦虑，源于对未来的不确定性而产生的恐慌，源于我们潜意识层面认为自己的能力无法支撑自己的期待。

如果我们通过学习了解到更多关于孩子教育的真相，特别是父母能调整心态，进而转变沟通模式和行为模式，那孩子的“叛逆”行为就有望减少，甚至消失。

例如，在面对青春期孩子叛逆行为时，如果父母认为都是孩子的错，而一贯使用控制、说教或者打压的方式，必然会引起孩子更

今天，我们教育孩子的方式是一个“带着伤”长大的“孩子”在教育另一个“还没有伤”的未长大的孩子。

大的反抗；反之，如果我们认为孩子“叛逆”源自我们家长自身曾经错误的教育模式，抱着“一切操之在我”的心态，我们就会反思自己给孩子造成过哪些误解和伤害，会去尝试感受孩子的感受，并心生怜悯，从而开始真正理解、接纳孩子并尝试做出积极、正向的调整。孩子在觉察到我们的改变后，其内在感受也会有所不同，通常也会开始配合并适应我们新的行为模式，一切便有了向好的可能。

换而言之，如果父母理解、接纳孩子已经长大的事实，给予孩子更多自由选择的机会，同时将专注力由“管孩子”变为“自我提升给孩子做榜样”以后，孩子反而可能放下对抗，转而模仿父母，追求进步。

当然，家长心态层面的调整不是用讲道理就能轻而易举地实现的，很多时候我们知道却做不到是因为我们自己还带着童年被父母打压的创伤。今天，我们教育孩子的方式是一个“带着伤”长大的“孩子”在教育另一个“还没有伤”的未长大的孩子。

所以，我们建议家长一定要走进父母课程进行疗愈，并系统学习如何构建良性的亲子互动关系。其中，父亲对孩子独立性的正确引导，加上母亲给予孩子适当的自由空间，才是解决孩子“叛逆”问题的关键。

换个角度看“叛逆”，也许我们设定的“边界”已不适合孩子的年龄。

换个角度看“叛逆”，“叛逆”的另一个名字叫“成长”。

换个角度看“叛逆”，其实是我们不懂他的心。

一把斧头和一把钥匙，遇到了一把紧闭的大锁，斧头为了展示自己的实力，声称能打开大锁，可是它敲了很久，大锁就是没有打开。这时身材瘦小的钥匙上来，轻轻钻过锁孔，那把大锁就“啪”的一声打开了。

斧头奇怪地问：“为什么我花了那么大的力气也没有打开，你却轻而易举地打开了呢？”

钥匙说：“因为我最了解它的心！”

各位家长，特别是爸爸们，教育孩子可不要用蛮力，当我们学习了更多家庭教育的智慧，我们会发现，教育孩子其实可以更轻松。

第 15 课

亡羊补牢

——四步法重建孩子的“边界”

父亲作为孩子规则“边界”的建立者、监督者和执行者，如果因为溺爱，未给孩子建立“边界”，或者因为之前过度的管制，而引发孩子的叛逆，迫使孩子不得不突破某些“边界”，这些都将引发孩子一系列的行为问题。那么，我们如何来重建孩子的“边界”呢？

在我带青少年海外游学营的过程中，时常会遇到一些规则感欠缺的孩子，通过与他们的接触，我摸索出以下重建“边界”的四个步骤，在此分享给各位爸爸：

第一步：约定规则，重建信任

出行前，我们会让家长们给孩子们每人配备一台手机，以方便外出时交流，同时也方便孩子每天写思想日记。

刚开始家长们普遍不理解，总担心孩子们一旦拿到手机就放不下来，而我会对孩子们说：“我充分信任大家，所以在出行这与孩子，尤其是青春期的孩子沟通，首先要让他们感受到尊重与信任，即使建立规则也不是成人单方面的“命令”，而是彼此协商的结果。

段时间内，大家可以自行保管手机。但有一个约定，无论我们玩手机玩到多晚，第二天集合不能迟到，能做到吗？”孩子们兴奋地回答：“能！”“那如果有人因为晚上玩手机迟到，影响了大家第二天的出行怎么办？”我笑着问。“让他把手机交给老师保管一天。”孩子们异口同声地回答。

大家猜猜看，第二天会有人迟到吗？有！两个孩子就因为头一天玩手机太晚而迟到了。他们上车时，看到全车的人都在等他们，感到非常尴尬，于是主动把手机交给我。我不仅没有批评他们，反而对他们遵守承诺给予肯定。

那么第三天会有人迟到吗？又有！另外两个孩子又因为玩手机太晚而迟到了。这次，我很严肃地对所有同学说：“如果每天都有同学因为玩手机而迟到，那我们每天都玩得不尽兴。大家希望这样吗？”“不希望！”“好，为了接下来这几天没人迟到，从今晚开始，大家晚上 10 点前写完思想日记，然后把手机交给老师保管。我们已经连续迟到了两天，那我们就交两天手机，可以吗？”“可以！”

当孩子们感受到因他人迟到引起的不便后，都主动成为规则的拥护者。当晚 10 点以后，孩子们全部主动上交手机。

与孩子，尤其是青春期的孩子沟通，首先要让他们感受到尊重与信任，即使建立规则也不是成人单方面的“命令”，而是彼此协要将孩子带到我们成人的“规则”世界，我们首先要进入到孩子的心里。

商的结果。一旦孩子违规，就让其承担相应后果，但我们不斥责也不讽刺，只肯定他们遵守约定的行为。

第二步：投其所好，建立连接

在信任的基础上，我开始尝试成为孩子喜欢的人。要成为这样的人，首先要喜欢孩子，尤其是喜欢他们喜欢的东西。

普遍来说，孩子们都喜欢玩游戏，所以，刚开始的时候我会通过和孩子们一起玩游戏，成为他们的好朋友。

如果他们玩“王者荣耀”，我就凑过去，看看他们扮演什么角色，并对他们酷炫的装备、精彩的团队配合给予肯定；

如果他们在玩“吃鸡”，我就赞叹他们精准的枪法和巧妙的战术配合；

如果他们在玩“节奏大师”，我就现场和他们 PK，然后甘拜下风……

因为手游，我和孩子们有了更多共同话题；因为手游，孩子们慢慢卸下防御，敞开心扉。

我不再是他们嘴里的老师，而是他们心里的“老刘”“刘哥”。

要将孩子带到我们成人的“规则”世界，我们首先要进到孩子的心里。或许，有时规则是冰冷的，但情感一定是有温度的。用情感为规则升温，带着发现爱与美的眼光与孩子建立起亲密关系，这是我们影响孩子的重要前提。

第三步：答疑解惑，树立威信

除了和孩子们偶尔探讨一下游戏话题，更多时候，我会根据旅行中看到的景物、遇到的人和发生的事件来延展到一些小故事，引发大家的思考。

比如，有一次我们在美国一所学校的大厅等人，发现大厅正中有一幅油画。我猜想它放在如此显眼的位置一定意义非凡，于是先用网络搜索了一下这幅画的背景资料——得知它是荷兰艺术大师伦勃朗的画作《浪子回头》的复制品，然后便“现学现卖”地向孩子们讲述起这幅画的内容及寓意——儿子曾因年少无知而放浪形骸，但历经磨难后迷途知返，宽厚仁慈的父亲迎接他的到来。

在静谧的大厅里，孩子们屏息凝神地注视着那充满艺术张力的画作，仿佛在思考曾经发生的一些事情……

像这样，在游学途中，我把自己所知的科技、军事、经济、政治、文化知识，还包括人生、梦想、友情、亲情等处世之道，毫无保留地分享给孩子们。

从他们的眼神中我感受到他们发自内心的尊重，那是一份对知识和生命真相的渴望。

作为父亲，如果我们能用广博的知识面为孩子开阔眼界，尤其在人生格局高度给予孩子指引，会让孩子崇拜并跟随我们，这将在无形之中增强我们的影响力。

第四步：真诚致歉，引发感恩

出国之前，我让家长给自己孩子写一封信，要求只描述孩子的优点及对孩子的愧疚，不提孩子的缺点和对孩子的期望。在旅程结束的最后一天，我会将信件交给孩子们，让他们听到父母的心声。

在回国前的最后一天，我带孩子们去当地商业街购物。

上车之前，孩子们都筹划着要给自己买东西。上车后，我问孩子们："同学们，这段时间大家玩得开心吗？""开心！"孩子们回答。我又问："那我们的爸爸妈妈有谁出过国的？请举手！"车厢里只有两个同学举手。

"是的，同学们，不管爸爸妈妈是否说过一些让我们感觉不舒服的话，或者做过一些让我们感觉不舒服的事儿，但爸爸妈妈宁可倾其所有，为我们提供最好的生活学习条件，不是吗？而且，这段时间我们在国外玩的时候，爸爸妈妈在国内天天都在牵挂着我们。现在，我想给大家一样东西，我们一起听听他们的心声。"

于是，我把父母们的信件逐一发给孩子们。孩子们收敛住笑容，郑重而好奇地打开那些信件。读着读着，一个个变得双眼红润，有些掩面哭泣，有些嘴里轻轻地念叨着“爸爸，妈妈，我爱你们”……

到达目的地以后，孩子们纷纷给父母发消息或者打电话，问他们穿多大码的衣服、鞋子，喜不喜欢什么香水、领带……

回国的那天，家长们来接机，满以为这群“小王子”“小公主”会等他们去拿行李，谁知孩子们像突然长大了一样，提着大包小包的行李飞奔向父母，舍不得父母多走一步。当父母颤抖地接过孩子为他们精心挑选的礼物时，父母孩子都流下了感动的眼泪……

遵守规则需要一份敬畏，但那不是我们家长，尤其是父亲靠暴力“打”出来的，而是孩子从内心感受到爱以后自动生发出来的感恩之心。

各位爸爸，如果我们想建立孩子的规则“边界”，那么，请从今天起，让我们重建与孩子间的信任，成为他喜欢的家长，用我们的格局与学识让他崇拜，用言行引发他的感恩之心，一切都将水到渠成。

艾里希·弗洛姆在其《爱的艺术》指出：

“父亲是教育孩子，

向孩子指出通往世界之路的人。”

父亲与孩子相处的阶段

是孩子从“家庭”走向“社会”的过渡阶段。

父亲通过他的人生经验教会孩子，

离开父母身边，应与什么样的人相处，

以及如何与人相处。

所以，父亲的择友观，

会在很大程度上

影响孩子对于朋伴的选择及其相处模式，

甚至影响孩子未来的人生轨迹。

第四章

社会交往

SHEHUI
JIAOWANG

第 16 课

见贤思齐

——教孩子正确择友、交友

在婴幼儿时期，母亲无条件的爱为孩子提供心理营养；

在青少年时期，父亲的价值观、性别认同、身份认同会影响孩子自我概念的形成；

而自进入青春期开始，孩子周围的朋伴将对孩子的影响越来越大。

由此可见，父亲与孩子相处的阶段是孩子从“家庭”走向“社会”的过渡阶段。父亲通过他的人生经验教会孩子，离开父母身边，应与什么样的人相处，以及如何与人相处。所以，父亲的择友观，会在很大程度上影响孩子对于朋伴的选择及其相处模式，甚至影响孩子未来的人生轨迹。

父亲通过他的人生经验教会孩子，离开父母身边，应与什么样的人相处，以及如何与人相处。

有一次我去一个朋友家做客，正好他的孩子也在家，刚进屋时，那孩子正在房间里看书，见我到来就非常热情地跑出来打招呼，并立刻为我端茶递水，忙完后又回到自己房间里看书。

看他年纪也就十来岁，没想到待人接物如此稳重。我好奇地问朋友，他是如何把孩子培养得如此懂礼貌的。

朋友告诉我，几年前，孩子带一个同学到他家里来玩，整个过程中那同学和他没有什么交流，仿佛他不在家一样，即使走的时候也没跟他打招呼。

等那孩子离开以后，他问自己孩子有什么感觉。孩子想了想，回答："他没有和您主动打招呼，不礼貌。"

他神情严肃地告诉孩子："与人交往要注重礼节，尤其是对待长辈。因为这反映出一个人有没有受过良好的家教，不礼貌的孩子就是当着外人面打父母的脸。懂礼貌的孩子值得交朋友，因为'敬人者，人恒敬之'。"

此后，每次孩子带回家一起玩的同学都会主动和他打招呼，而他的孩子也会注意和父母的朋友打招呼。

后来，我把这件事分享给了我的孩子，发现不仅他能做到"出必告，反必面"，他认识的朋友也是那种懂礼貌的孩子。

从孩子进入读书阶段开始，父亲就可以通过生活中的案例潜移默化地给孩子输入一些交友处事观。如果父母认为孩子小，无关紧要，准备等到孩子进入青春期，甚至已经交往了一些问题朋友再来讲这些，恐怕就为时晚矣。

因为一个人从十几岁个性觉醒，到20多岁形成自己相对稳固的三观，可能慢慢对老师和家长的话就会有自己的判断，对朋友的话却常常深信不疑。所以，这时候“所与正，则随之而正；所与斜，则随之而斜”。正所谓“入芝兰之室，久而不闻其香；入鲍鱼之肆，久而不闻其臭”，如果交的朋友是正能量的，孩子便也随之拥有了正能量；如果交的朋友一身邪气，孩子便也会沾染一身邪气。

朋伴关系影响孩子的认知和社会功能发展，因此，择友能力的培养在孩子的社会化中具有重要意义。

那么，作为父亲，我们该给孩子哪些正确的择友建议呢？

一、择友至关重要

曾国藩曾在家书中对自己的大儿子说过：“择友为人生第一要义。”后来，他更精练地说：“择人为第一要义。”就是强调识人、用人、择友、交友是人生最重要的事。

通常，我们猜想曾国藩会说“修身养性”才是人生最重要的事，其次才轮到识人、择友。但他之所以说识人、择友最重要，是因为就成就人生事业，尤其是想要建立一番功业而言，识人与识己选对朋友，我们将获得一生的助力；如果身边混入了几个坏朋友，而自己又视若知己，听他的话，真如饮毒酒、被毒蛇咬。

其实一样重要，修身与择友本质上并行不悖。

选对朋友，我们将获得一生的助力；如果身边混入了几个坏朋友，而自己又视若知己，听他的话，真如饮毒酒、被毒蛇咬。

也许有的人会说："我根本不会受到别人的影响，我就是我！"可事实是，我们很难发觉，从什么时候开始，我们已经变成了跟他们一样的人。能做到出淤泥而不染的，又能有几人？

二、交什么样的朋友

孔子曰："益者三友，损者三友。友直，友谅，友多闻，益矣。友便辟，友善柔，友便佞，损矣。"意思是说：使人受益的朋友有三种，使人受损的朋友也有三种。与正直的人交朋友，与诚实的人交朋友，与见多识广的人交朋友，必然受益；与邪门歪道的人交朋友，与谄媚逢迎的人交朋友，与花言巧语的人交朋友，必然受损。

曾国藩更是将他的处世交友之道总结成"八交九不交"——

交八种益友：

1. 交胜己者；
2. 交德盛者；
3. 交趣味者；
4. 交每事吃亏者；

要看这个人修身的水平怎么样，只要看他跟什么人混在一起，他的朋友都是些什么人就可以看得出来了。

5. 交直言者；
6. 交志向远大者；
7. 交惠在当厄者（即“雪中送炭”的人）；
8. 交体谅人者。

不交九种损友：

1. 不交志不同的人；
2. 不交善于奉承的人；
3. 不交是非不分，全无性情的人；
4. 不交不孝敬长辈，不友爱兄弟的人；
5. 不交迂的人（顽固不化、固守鄙陋、眼界狭窄之人）；
6. 不交落井下石的人；
7. 不交好占便宜的人；
8. 不交德薄的人（没有德行的小人）；
9. 不交忘恩负义的人。

三、如何识别一个人是否适合做朋友

司马迁在《史记》里说过这样一句名言：“不知其人，视其友。”意思是：要看这个人修身的水平怎么样，只要看他跟什么人混在一起，他的朋友都是些什么人就可以了。

因为一个人必将受环境的影响，必将受周围人的影响，尤其受物以类聚，人以群分，我们要跟什么样的人相处、交友，就要成为什么样的人，即使外在不同，内在也应有一些相似。

最近的那些志同道合的朋友、同志的影响。所以，眼前之人或许因为我们的误解，或许因为刻意伪装，使得我们一时半会看不懂看不透，但只要我们留心他周围人的言行举止，就能对其本人的品性有更多更深入的了解。

四、到哪儿去找这样的朋友

物以类聚，人以群分，我们要跟什么样的人相处、交友，就要成为什么样的人，即使外在不同，内在也应有一些相似。因为，人因相同而在一起，因差异而成长，要想结交什么样的人，就去什么样的社交圈子。

与凤凰同飞，必是俊鸟；与虎狼同行，必是猛兽。

在图书馆里，我们遇到的都是爱读书的人；

在课堂里，我们遇到的都是爱学习的人；

在健身房里，我们遇到的都是爱运动的人；

而在麻将馆和 KTV 里，我们遇到的都是爱娱乐的人。

当我们进入到一个圈子时，同频的人会靠近我们，而不同频的人就会远离我们。

平庸的友谊多是应酬，真正高洁深厚的友谊则是一种责任。

五、如何与这些朋友相处

古人云："见贤思齐。"意思是：和身边优秀的人在一起，看到他们为了更好的自己、更好的未来而努力时，我们就会变得更有紧迫感，也会不自觉地受到他们的影响和感染，去努力。

当然，要想交益友，切不可"闻过怒，闻誉乐"，因为那样只会"损友来，益友却"。也就是说，如果听到别人说自己的过错就一副不高兴的样子，听到别人称赞自己就欢喜得不得了，很快那些说好听话的、替我们掩饰过失的、诱惑我们吃喝玩乐的损友就会来接近我们，诱惑我们堕落；而真正的良朋益友反而远离我们了，因为我们根本听不进去批评与忠告，对方又不愿跟我们结怨。

平庸的友谊多是应酬，真正高洁深厚的友谊则是一种责任。

所谓"满腔热血酬知己""宁无百金求一友"，说的都是择友的重要性。

《吉祥经》中佛祖在回答众神"如何获得幸福与最吉祥"时也说："勿近愚痴人，应与智者交，尊敬有德者，是为最吉祥。"

这就是大智大仁者告诫我们的"近朱者赤，近墨者黑""交益友，立品行"的人生道理。

第 17 课

多赢思维

——教孩子学会合作

前面我们谈到父亲要培养孩子独立的人格，但独立并非鼓励孩子单打独斗，更不是宣扬竞争意识。

在社会分工进一步细化的今天，合作需求远远超过竞争，个体成功的可能性也远远小过集体。因此，过犹不及的竞争意识培养，反而会使孩子变得孤僻、独断，以自我为中心，因为缺乏与他人间的信赖和互助，而错失更大的成功机会，有些甚至因此引发一系列的心理问题和人际冲突。

作为父亲，我们应当教会孩子，真正的成熟不仅仅是个体的独立和担当，也需要懂得尊重与欣赏他人的长处，接纳彼此间的不同，学会与他人协作共赢。

正如史蒂芬·科维在《高效能人士的七个习惯》中提到的：“人生是一个合作的舞台，而不是竞技场。”

独立固然可喜，但互赖才是人生成长的最高境界。独立的人再有才华，如果缺少与人互赖的能力，要不就是怀才不遇，要不就是孤掌难鸣。只有到了互赖的阶段，我们才能和优秀的人一起创造更大的成功，才能和自己亲近的人一起，建立起更好的亲密关系。

因此，如果我们希望获得更大的成功，需要建立双赢，甚至多赢的思维模式，也就是追求“你好，我好，大家好”的局面，而不是一个人赢，另一个人输，更不是大家都输。

一个持久而有效的关系，也就是互赖的关系，一定是建立在双赢，也就是“你赢，我也赢”的基础上。

当然，有人会说：

在运动赛场上，我们追求的是胜过对手，才能拿到奖牌；

在学校里，我们希望考试分数超过同学，这样才能得到奖学金；

在职场上，我们必须在能力和业绩上强过同事，才能获得加薪升职的机会；

在商战中，我们只有通过打败竞争对手，才能得到客户的订单，把生意做大。

因此，我们常常觉得：双赢思维未免太理想化了吧？所以，现实中我们的思维模式经常是追求“我赢，你输”的“赢输思维”模式。

人生是一个合作的舞台，而不是竞技场。

但如果我们愿意相信“人生是一个合作的舞台，而不是竞技场”，即使我们最终难以甚至无法达成双赢，我们也可以去追求，并设法让对方感受我们双赢的诚意。

真正重要的是我们的思维模式 —— 任何时候优先考虑合作双赢。

和“赢输思维”相反，另一个极端是有些人在工作和生活中，为了让对方满足，避免冲突和息事宁人，宁可放弃和牺牲自己的利益，我们称之为“输赢思维”，也就是“我输，让你赢”。

这样做又让自己感觉不爽、委屈和郁闷。因为没有人愿意一直输下去，也没人甘愿永远输下去。也许有一天这样一个好脾气的人会突然情绪爆发，而这种爆发不仅严重伤害人际关系，也伤害他自己的身心健康。

因此，父亲应该告诉孩子：“一个人成熟的标志就是，既能照顾自己的利益，也能重视他人的需求，不轻易放弃对双赢的追求。”

有一次，我孩子学校举办跳蚤市场活动——校方组织孩子们售卖自己的闲置物品。

遇到这种情况，有些家长会建议孩子不要拿有价值的好东西去学校，担心贱卖，同时也告诉孩子不要买别人的东西，因为担心买来的都是废品。

而我告诉孩子，挑一些他用不上的好东西，即使卖不了几个钱，也可以把它们送给那些需要帮助的孩子。同时，我给了他 50 元零花钱，叮嘱他可以买一些需要的东西。

等到晚上回来的时候，他不仅带回了几样他需要的东西，还“赚”到了几十元钱。

我好奇地问他发生了什么，他告诉我，当时在跳蚤市场，一开始很多同学都在卖东西，却没有人来买东西（可能父母都告知孩子，别人的东西都是“废品”）。于是，他没有急着摆摊，而是到“市场”上转悠了一圈，先进行了一轮“市场调研”，看看哪些东西最抢手，哪个摊位的顾客最多。他发现有些摊位采用抽奖模式，一元钱抽一次奖，抽到什么拿什么，吸引了很多孩子参与。

但他还发现，这些摊位的商品通常不多，而且档次也并不高。于是，他突发灵感，约了两个同班同学，大家把钱凑到一起，随后分工：两人负责从“市场”上采购一些比较抢眼的“人气商品”包装为“豪华大奖”，另一个动手能力强的孩子负责制作一个中奖轮盘。

一切准备妥当，他们的“轮盘中奖”活动就开始了。“市场”里突然立起一个大轮盘，很快就吸引了同学们好奇的目光。玩法同样是一元钱转一次，最高奖项是一盏价值 30 元的台灯，

民主、宽松、平等的家庭氛围，是培养孩子合作精神的首要条件。

即使是纪念奖，也能拿到一颗棒棒糖。这种新奇的玩法吸引了很多孩子，大家觉得不仅能玩转盘游戏，顺便还能拿到一点礼物，十分有趣。

最后，他们的商品销售一空，三个孩子不仅有了收入，更重要的是收获了成功的快乐。孩子回来以后，自豪地对我说，他还在义卖处捐献了30元支持贫困生。

和同学合作，不仅挣到了钱，还让所有参与者受益，这就是共赢。

要培养孩子的合作精神，父亲可以做到以下几点：

一、营造良好的家庭氛围

民主、宽松、平等的家庭氛围，是培养孩子合作精神的首要条件。在这样的家庭氛围中，孩子愿意并乐于合作。

因此，父母应尊重孩子的意愿和人格，全方位地接纳孩子，不失时机地赞美和鼓励孩子。如果孩子有了差错，家长可借此暗示孩子的缺点，但不要当面数落，给孩子一个自我反省的机会；如果家长有了差错，也要向孩子认错道歉，请求谅解。这样在让孩子信服的同时，也无形中为孩子提供了积极的行为榜样。

一个人成熟的标志，就是能照顾自己的利益，既能重视他人的需求，又不轻易放弃对双赢的追求。

二、为孩子树立合作的榜样

家庭是孩子学习生活的第二课堂，父母是孩子的第一任老师，爱模仿是孩子的天性，父母在日常生活中的言行举止潜移默化地影响着孩子，孩子往往会依照父母的做法和小伙伴交往合作。

因此，父母要为孩子树立一个良好的榜样。家人之间的分工协作，父母与邻里之间、与同事之间、与亲戚之间的合作都是孩子观察、学习的对象。

三、为孩子创造合作的机会

父母应多为孩子提供与同伴合作学习和游戏的机会，让孩子在实践中学会合作。父母应尽可能地为孩子创造与外界接触的机会，采用“走出去，请进来”的办法。

比如，在闲暇时多带孩子到公园、小区等热闹的公共场所或亲戚朋友家去玩，鼓励孩子多与他人交往，多为孩子创造结交小伙伴的机会，也可邀请孩子的小伙伴到家里来玩。

四、教给孩子合作的技能

如果孩子年龄小，缺乏社会交往经验，往往不知如何去合作，这就需要家长教给孩子合作的技能，指导孩子怎样去合作。

家长可通过图书、画册、电视，或在孩子发生矛盾时通过具体事件，生动形象地向他们讲明什么是分享合作。还可针对孩子在交往中可能出现的矛盾，向孩子提出一些问题，如“两个小朋友，只有一个玩具怎么办？”引导孩子总结出解决矛盾的正确方法——“两个人轮流玩”“两个人一起玩”等。这样孩子到了集体中便会主动与人合作，易于与其他孩子相处。

通过这些具体的合作情景，帮助幼儿逐渐学会合作的方法、策略，尝到合作的甜头而渴望合作。

五、让孩子感受合作的快乐

做出合作行为时，孩子自己常常不能明显感觉到，这时，父母就要从旁鼓励他们的这种行为，强化孩子的合作意识。

当孩子和父母一起做完事情后，父母应当真诚地表示感谢，让孩子感到被需要，感到事情没有他的参与是做不成的。

当家长看到孩子能与同伴友好、配合地玩耍、协商、询问、提出建议、分享，或给予帮助和求助时，家长要及时地通过口头和肢体语言对孩子进行肯定、鼓励，使其在情绪上产生快感，心理上得到满足，从而增强自尊、自信和上进心，进而强化合作动机，愿意更多地、自觉地做出合作行为。

另外，家长应注意引导孩子感受合作的成果，体验合作的愉快，激发孩子进一步合作的内在动力，使合作行为更加稳定、自觉化。

第 18 课

多予少取

——教孩子舍得之道

“舍得”最早出自《易经》，指的是世间万物均在“舍”与“得”之间达到一种平衡，二者是矛盾的统一体，它贯穿于事物发展的始末，是一个永无止息的相互制衡的循环。

舍得之间，囊括了万物运行之玄机，蕴含了人生哲理之精华，彰显了文化内涵之深厚，揭示了人生真谛之永恒。

“舍得”是一种大智慧，是一种学识的沉淀、品德的突显。“舍得”之妙，妙在微言大义，启人心智。

舍得舍得，有舍才有得，“舍”是因，“得”是果，然而我们有太多的人一直在追求“得”，却没想到“舍”，结果活得太累。殊不知，“智者畏因，愚者畏果”，我们只有先舍去贪念，才能得到真善美。

说到舍得，我最有感触的就是我从初级导师开始的成长之路——

要成为一名站上全国讲台的主体课导师，我们必须讲满百场以上公益免费沙龙。这意味着，如果想做全职导师，至少在一年时间内，我们几乎没有收入来源，而且需要经常在外奔波讲课，陪伴家人的时间也不多。

可能有人无法理解，为何没收入，花时间，还可能被家长误解，我们却也愿意如此付出。

说实话，刚开始是为了早一点儿登上主体课导师讲台，以实现自己的个人价值。但随着讲课场次越来越多，现场遇到的问题家庭越来越多，看到的家长们的困惑与孩子们的痛苦越来越多，我注意力的方向逐渐从自己转移到家长和孩子们的身上。尤其是看到现在很多媒体报道家庭教育的缺失造成孩子网瘾、早恋、校园暴力、自杀、亲子相残、社会治安问题等一系列的社会现象，愈发使我认识到家庭教育对国家和社会的重要性——今天多一所家长学校，明天就将少一所成人监狱，未来我们的社会将会更加和谐，国家将会更加强大。

有了这样的使命感，在讲课的过程中，我发觉自己的内在越来越“通透”，刚开始还要背诵一些讲课内容，到后来只要一站上讲台，就感觉自己像一个透明管道——宇宙间爱的智慧，源源不断地“下载”到我的心里，再由我讲给家长听。

舍得是一种大智慧，是一种学识的沉淀、品德的突显。

每次看到家长听完课以后，放下焦虑，眉宇舒展，带着自信与幸福的微笑走出课堂，我就深刻地体会到那句话："愿你心底有爱，口吐芬芳，一句话能够成为温暖别人一生的阳光。"原来，当我舍掉原有的"小我"，肩负起更大的使命和梦想时，我将得到内在的提升。

如同道家智慧中"嗜欲深者天机浅，嗜欲浅者天机深"所言，一个人如果深陷欲海、贪婪无度，就会失去生命中的灵性与智慧，错过人生中许多好的机缘与福报；一个人如果淡泊名利，生命中的灵性与智慧就会比较丰富，就会得到人生中许多好的机缘与福报。

舍得之道关键在于"舍"，但如何"舍"？《弟子规》中有这么一句话："凡取与，贵分晓，与宜多，取宜少。"意思是：财物的取得和给予，一定要分辨清楚明白，不可含糊。宁可多给别人，自己少拿一些，才能广结善缘。

作为众人熟知的香港首富——现年 91 岁（2019 年）的李嘉诚有着 2000 亿身家，在 2019 年胡润全球富豪榜上位列第 29 名，是名副其实的成功者，而且他不仅取得了商业领域的成功，更在儿女教育方面有着自己独到的见解。

李嘉诚先生的两个儿子——李泽钜和李泽楷，小时候跟随父亲参加董事会会议。兄弟俩坐在专门设置的小椅子上列席会议，开始觉得新奇好玩，瞪大眼睛，认真听父亲和各位董事讨论工作，有时大家争得面红耳赤，吹胡子瞪眼，兄弟俩吓得哇哇直哭，李嘉诚说："孩子别怕，我们争吵是为了工作，正常现象，木不钻不透，理不辩不明嘛！"

有一次，李嘉诚主持董事会讨论公司应拿多少股份的问题，他说："我们公司拿百分之十的股份是公正的，拿百分之十一也可以，但是我主张只拿百分之九的股份。"董事们有的赞成，有的反对，争论不休。这时李泽钜站在椅子上说："爸爸，我反对您的意见，我认为应拿百分之十一的股份，能多赚钱啊。"弟弟李泽楷也急忙说："对，只有傻瓜才拿百分之九的股份呢！"

"哈哈。"李嘉诚和同事们忍俊不禁。李嘉诚说："孩子，这经商之道学问深着呢，不是 1+1 那么简单，你想拿百分之十一发大财反而发不了，你只拿百分之九，财源才能滚滚而来。"

事实证明，李嘉诚先生的决策是英明的。公司虽然只拿了百分之九的股份，但生意兴隆，财源广进。

多予少取，强调不看重眼前的利益得失，而重视长远的机遇与发展：

老板多"予"，换得的是员工的忠诚与付出；员工少"取"，换得的是老板的赏识与升迁。

交友中愿意“舍”，擅于“舍”的人，才能“得”人心。

卖方多“予”，换得的是买方的青睐与感动；买方少“取”，换得的是卖方的品质与感谢。

做人多“予”，换得的是对方的支持与感恩；做事少“取”，换得的是他人的信任与感激。

交友中愿意“舍”、擅于“舍”的人，才能“得”人心。

有一次，读3年级的儿子从学校回来，兴奋地对我说：“爸爸，我今天赚了1元钱。”

“哦，不错呀！你是怎么做到的呢？”

“今天我们班上有两个同学忘记带作业本了，当时他们来不及到校外买，而我刚好多带了两本空白的，就按照1元1本的价格卖给他们了。那个作业本校外是卖5角钱一本，我赚了1元呢！”

看到他扬扬自得的样子，我既不忍心否定他的“商业头脑”，又想让他自己意识到助人比赚钱更重要的道理。怎么让9岁的他明白呢？刚好，我看到窗台上有两只蜜蜂正围着一盆菊花飞舞，于是我惊呼：“看，那些蜜蜂在干什么？”孩子好奇地走过去，观察了一会儿：“它们在采蜜啊！”“是的，孩子，看上去是蜜蜂在采花的‘蜜’，但同时蜜蜂也在帮助花授粉呢。你仔细看，蜜蜂腿上那黄黄的就是花粉，有了蜜蜂的帮助，这株菊花今后就会长出果实，结出籽。如果再有小鸟儿吃了它的果实，然后飞到其他地方，就会把它的籽带到其他地方种下。孩子，如果这盆菊花舍不得它的花粉，会吸引来蜜蜂给它授粉吗？如果舍不得它的果实，会有鸟儿给它播种吗？”

孩子若有所思地点点头：“爸爸，我明白了，你是说我不该赚同学的钱。”我微笑着对孩子说：“赚钱是好的，但我们不能赚乘人之危的钱，而要让花钱的人感觉舒服，物超所值，比如价值 10 元钱的东西，卖给人家 1 元钱。换位思考一下，如果今天是你没有带本子，你的同学爽快地送你一本或者说借给你一本，不用你花钱，你感觉如何？”“我会很感谢他，把他当成我好朋友！”“是呀，情谊是比金钱更宝贵的财富。你就是那朵绽放的菊花，用你的‘花粉’吸引更多的‘蜜蜂’做朋友吧！”第二天，孩子告诉我，他把钱退给了同学。从此，回家路上，他旁边又多了两个嬉笑打闹的身影……现在孩子已经进入初中，虽然我因为在外地讲课，常常无法在他身边给予及时的支持和帮助，但他通过自己的努力和朋友的帮助，总能顺利地处理好生活和学习上的事情，让我非常放心。

第 19 课

宽以待人

——教孩子学会接纳

100 多年前，法国大作家雨果曾经说过这样一句话：“世界上最宽阔的是海洋，比海洋更宽阔的是天空，比天空更宽阔的是人的心灵。”

一个人想要获得真正的幸福和终身的快乐，就应选择积极且正确的宽容心态。境由心造，人的心虽然只有拳头般大小，懂得宽容的人却可以包容整个世界。一个人若想与他人和睦交往，就需要多发现别人的优点，宽容和接纳对方的不完美，这样才能让彼此感到舒服。拥有一颗包容之心，远比记住别人的缺点来得快乐。

在我带青少年海外游学营的过程中，遇到过这样一个孩子：第一天我们分寝室，大家彼此都不熟悉，所以由老师按照年龄一大带一小来分。这个孩子说他不喜欢和比他大的一起，怕被欺负，也不喜欢和比他小的一起，怕麻烦，一定要找个和自己差不多年龄的孩子住。于是，我们把他和一个年龄相仿的孩子分到了一起。

第二天，这孩子向我投诉，说另一个孩子晚上太闹腾，让他睡不好，如果第二天还和他一起，那他就要来个“你死我活”。既然如此，我当然要给他换个室友。

可到第三天，他又说受不了，提出想和其他同学住……接连换了几个同龄室友，他还是说不行。最后，我们给他换了一个年龄大的同学合住。那个大同学当时打趣地说：“就让我和他一起吧，没事，我原来也这样。”

结果第二天，他倒是不说什么了，轮到那个大同学说：“我真受不了他！”

其实，旅途就是人生的缩影，宿舍就是一个小社会。一个在旅途中无法与队友和谐相处的人，一个在宿舍中与室友唇枪舌剑的人，一个在社会上不懂得感恩和宽容的人，又如何能过得安稳和开心呢?

有些孩子，甚至是成年人，鼠肚鸡肠，区区小事也要论个你高我低，或者听不得半句逆耳之言，受不得半点委屈，吃不得半点小亏，结果是上下不融洽，左右不团结。他们时常对别人的想法和习惯嗤之以鼻，对自己的想法和习惯却自视甚高，怎会不处处碰壁呢?

不要拿自己的错误来惩罚别人，也不要拿别人的错误来惩罚自己，更不要拿自己的错误来惩罚自己。

遇到这样的孩子，父亲们需要帮助他们认识：人生本就坎坎坷坷，岂能处处尽如人意？不要拿自己的错误来惩罚别人，也不要拿别人的错误来惩罚自己，更不要拿自己的错误来惩罚自己。万物都有其不足的一面，我们何不以一颗火热包容之心，来体察它的另一面呢？

当我们因为别人做的一件小事耿耿于怀、闷闷不乐时，可能一天都不会快乐，但如果我们用宽容来取代厌恶，给别人一个微笑，那不仅消融了矛盾，也赠予了我们满手玫瑰花香。

古时候赵国蔺相如完璧归赵后立功受封，大将军廉颇自觉战功卓越，不服气，因此想借机羞辱他。蔺相如知道后并没有生气，而是以和为贵，主动回避。后来廉颇听闻后感到十分惭愧，便负荆请罪，蔺相如宽容原谅，两人从此和好，史称“将相和”。

因此，宽容不仅是一种修养，更是一种胸怀。一个懂得宽容的人，不会对琐事斤斤计较，而会体谅他人，从大局出发，从长远考虑。善待他人，亦是善待自己。

有人说：“世间除了生死，其他都是小事。”如果一个人在生死面前都能选择宽容，这将是莫大的胸怀和智慧。

我有一个大学室友，他人缘特别好，讲义气，宽以待人，从不斤斤计较。

有一次，我们聊起金庸的小说，他说，他最欣赏的人物就是周伯通。因为面对江湖生杀恩怨，一般人都千方百计想置仇家于死地，甚至对于上一代人完不成的复仇计划，父母就让子孙世代铭记并寻仇。但冤冤相报何时了，上一代的恩怨不知毁了后辈多少代人的幸福，而周伯通却悟出“只要自己长命百岁，比仇人活得长，就什么仇都报了”。

一个“一笑泯恩仇”的武林高手，在血雨腥风的江湖中能成为长寿的老顽童，不得不说这是一种人生智慧。

“二战”期间，一支部队在森林中与敌军相遇，发生激战，最后两名战士与部队失去了联系。他们之所以在激战中还能互相照顾、不分彼此，是因为他们是来自同一个小镇的。

两人在森林中艰难跋涉，互相鼓励、安慰。

10 多天过去了，他们仍未与部队联系上，幸运的是他们打死了一只鹿，依靠鹿肉又艰难地度过了几日。

可也许是战争的缘故，动物四散奔逃或被杀光，这以后他们再也没看到任何动物，仅剩的一点鹿肉，背在年轻战士的身上。

这一天，他们在森林中遇到了敌人，经过激战，两人巧妙地避开了敌人。

就在他们自以为安全时，只听到一声枪响，走在前面的年轻战士中了一枪，幸亏只是伤在肩膀上。后面的战友惶恐地跑了过放下即宽容。唯有极大的心量，以德报怨，让世界少一些不幸，才是宽容的至高境界。

去，他害怕得语无伦次，抱起战友的身体泪流不止，赶忙把自己的衬衣撕下，包扎战友的伤口。

晚上，未受伤的战士一直叨念着母亲，两眼直勾勾的。他们都以为自己的生命即将结束，身边的鹿肉谁也没动。天知道他们怎么过的那一夜。

第二天，部队救出了他们。

事隔30年后，那位受伤的战士安德森说：“我知道是谁开的那一枪，就是我的战友。他去年去世了。在他抱住我时，我碰到了他那发热的枪管，但当晚我就宽恕了他。我知道他想独吞我身上的鹿肉活下来，但我也知道他活下来是为了他的母亲。

“此后30年，我装着根本不知道此事，也从不提及。战争太残酷了，他母亲还是没有等到他回家，我和他一起祭奠了老人家。后来他跪下来，请求我原谅他，我没让他说下去。我们又做了二十几年的朋友，我没有理由不宽恕他。”

放下即宽容。唯有极大的度量，以德报怨，让世界少一些不幸，才是宽容的至高境界。

宽容失去的只是过去，而刻薄失去的却是将来。如果纠结于曾经的伤害，只会对自己和他人造成更大的伤害。

宽容别人，与其说那是回归仁慈、友善与祥和，不如说那是放过了自己。

第 20 课

虚心实腹

——教孩子学会谦虚

前面我们提到父亲对于孩子建立高自我价值感的重要影响，但如果家长把这种高自我价值感曲解为外在的“自信”和“强大”，鼓励孩子处处彰显自己，甚至不分场合地抢风头，打压或瞧不起他人，那又走入了另一个极端——傲慢与自负。

在现实生活中，那些能力出众、天资聪颖的孩子，常常容易产生这样的心态。他们因为学习成绩较好或具有某方面特长而经常受到家长和老师的表扬。这种太多的表扬常常会误导孩子，使他们不能正确认识自己，于是就会滋长骄傲情绪。孩子会因此夸大自己的优点，看不到自己身上的问题，有时还把别人看得一无是处。他们听不进别人的善意批评，总是处于盲目的优越感之中，进而逐渐放松对自己的要求，导致成绩下降，表现也就不再那么优秀了。

我在带青少年海外游学营的过程中，曾经遇到这样一类孩子：

他们有着某方面的才能，或爱表现自己，时常打断别人的讲话，喜欢喧哗，仿佛无所不知；或高傲孤僻，不愿与他人交流，并对他人的表现冷嘲热讽。其实，这类孩子并非真正的高自我价值感，而是缺乏内在的力量。

但也有一类孩子，他们一般会微笑着听别人发言，偶尔选择合适的时机表达一下自己独到的观点，他们不会因为他人的否定变得面红耳赤，也不会因为他人的认同而表现得趾高气扬。台下，他们为其他同学送上真诚的掌声；台上，他们自信地展示自己，为团队赢得荣誉，也成为老师们最得力的帮手。

作为家长或者老师，你期望孩子属于上述中的哪一类?

我想大多数都希望孩子是后面那一类。因为这种孩子身上不仅表现出令人羡慕的自信，还有令人欣赏的谦卑。

作为孩子心中“权威”与“力量”的代表，父亲需要用合适的方式教会孩子，怀有谦卑之心，才能够得到贵人相助，成长进步也更加迅速。

“钢琴王子”克莱德曼的中国巡演一结束，等待索要签名的拥趸就排成了长龙。大厅里人头攒动，拿到签名的“粉丝”欣喜若狂，好多人都流下了激动的泪水。

这时，一对引人注意的父子排到队伍前头。克莱德曼习惯性地拿起签字笔，客气地问他们想签到哪里。不料，这位父亲竟然说：“我们不要签名。”

此言一出，众人惊诧不已，纷纷把目光聚集在这一对等候几个小时却不要签名的父子身上。

“我有一个不情之请，”这位父亲看着克莱德曼说，“我想让我的孩子握一下您的双手。”周围的人更加不解了，纷纷上前看个究竟。

这位父亲向克莱德曼深鞠一躬：“您是我非常尊敬的钢琴大师。”然后把儿子拽到身前，摸着他的头说：“这个孩子对钢琴很有悟性，打小就苦心练琴。这两年，他接连获奖，每次比赛总是拿第一。”克莱德曼眼里流露出赞许之意，示意他说下去。

“他有些飘飘然了，觉得自己很了不起。尤其是最近，他到处炫耀琴技，根本没有心思练琴。我今天一是为仰慕大师风采而来，二是想让孩子明白一个道理，怎样才算真正的钢琴家。”

克莱德曼当然不会错过这个发掘天才钢琴家的良机。他把自己那双与钢琴打了半辈子交道的大手伸到孩子面前，微笑着说：“来吧，孩子，你是好样的。”

看着那双手，孩子的小手竟迟迟不肯伸上前去。和克莱德曼的十指接触的瞬间，他似乎被克莱德曼指头上厚厚的老茧电到了一般，猛地一缩。那双小手就这样久久地悬在空中，孩子明亮父亲不仅要通过肯定、欣赏、赞美与认可让孩子具备自信，也要通过身教言传让孩子学会谦卑。

的双眼痴痴地望着对方，嘴里不停地念叨着：“钢琴家，钢琴家……”

此后，这个在钢琴方面天资极高的少年又开始焚膏继晷地苦练琴技，终于获得巨大的成功。

当初的那个孩子就是现在的钢琴家——郎朗！

正如《尚书》所言：“满招损，谦受益。”在八卦中，象征心的离卦，其卦象便是一副中间空心的样子，一种虚心的状态，这里面的深刻寓意不言自明。老子的《道德经》中也说要“虚其心，实其腹”，而佛门则更教人要心空无我。可见古圣先贤们的见解都是一致的。

《易经》一书，共有六十四卦，每卦有六爻，每爻有爻辞以断吉凶。在六十四卦中，只有谦卦六爻皆吉，其余六十三卦的爻辞都有吉有凶。由此可见谦之可贵与谦德之美了。因为谦虚是一种开放的心态、接收的心态。

只有谦虚的人，才能诚恳地接受别人的批评、建议，努力学习别人的长处，随时准备吸取一切有用的知识、智慧和能量，使自己不断成长进步。

父亲不仅要通过肯定、欣赏、赞美与认可让孩子具备自信，也要通过身教言传让孩子学会谦卑。古今中外，无数父亲为我们做出表率。

《史记》云："项橐生七岁为孔子师。"《三字经》里也有云："昔仲尼，师项橐。古圣贤，尚勤学。"孔子尊重一个乳臭未干的孩童的意见，实际上是毫不客气的自我批评。孔子不但承认失礼，请求原谅，还虔诚地拜七龄童为师，真是虚怀若谷啊！难怪他说："三人行，必有我师焉。"他不修炼成圣人，那才是怪事。

孔子之子孔鲤，作为圣人的儿子，自然有很大的压力，但他并没有消费父亲的盛名，也没有享受荣耀，以一个平常人的身份，努力养家，极尽孝道，并培养出一个贤明聪慧的儿子——孔伋（字子思，著《中庸》，是"亚圣"孟子的老师，被后人称为"述圣"）。有一次，孔鲤对儿子说："子思我儿，你虽然聪慧善思、出类拔萃，但是你的父亲不如我的父亲啊。"子思一想，真是这个理儿：祖父金声玉振，德披后世，常人很难超越，我取得了一点小小的成就，作为晚辈后生有什么值得骄傲的呢？子思因此更加勤勉了。这件事让人们对孔鲤刮目相看。

袁了凡先生在他的《了凡四训》中特意用一个篇章（第四篇）向后辈子孙描述谦虚的益处。他参加过好几次进士考试，在每次还没有考试之前，他观察要考试的同学，发现有些人特别谦卑，对人很恭敬、很谦逊。虽然这些同学有的年纪很轻，但是他就觉得此人一定会考取。考试结束，果然不出所料，谦虚的人都考上了。

袁了凡先生的儿子——袁天启通过其父母不断的教导，行善远恶，趋凶避吉，改造命运，最后也不负父母的期望，考中进士，成了广东省高要县（今肇庆市所辖）县令。

老卡尔·威特把被人认为是痴呆的儿子培养成19世纪德国的一个著名的天才，但即使名声在外，他对儿子的赞扬依然非常慎重，不仅自己不过多表扬，同时也不让别人表扬卡尔。一遇到有人要表扬卡尔的时候，他都会把卡尔支开，不让他听这些会使人骄傲的言语。

卡尔·威特在父亲的培养下，八九岁时就能自由运用德语、法语、意大利语、拉丁语、英语和希腊语这六种语言，并且通晓动物学、植物学、物理学、化学，尤其擅长数学；9岁考入莱比锡大学；10岁进入哥廷根大学；13岁出版了《三角术》一书；年仅14岁就被授予哲学博士学位；16岁获得法学博士学位，并被任命为柏林大学的法学教授；23岁他发表《但丁的误解》一书，成为研究但丁的权威。他一生都在德国的著名大学里授学，在有口皆碑的赞扬声中一直讲到1883年（83岁）逝世。

智慧与愚蠢的区别之一，在于傲慢与谦虚。在受到夸奖与赞扬的时候，表示谦虚，容易做到，而且有的时候实际上是一种客气；

如果在受到批评、指责，甚至挨骂时，仍不失谦虚之风，那才是骨子里的谦虚。

如果在受到批评、指责，甚至挨骂时，仍不失谦虚之风，那才是骨子里的谦虚。

愈有学问、愈有本领的人，可能愈谦虚，因为成熟的麦子总是懂得弯腰和低头。

常言道："人生不如意事十之八九"，
问题发生了怎么办?
抱怨、指责、懊悔、愤怒
只会带来更大的烦恼，
有时甚至会伤害人际关系。
父亲的乐观、开朗、幽默、坚韧
会极大程度地影响孩子的
人生观和价值观的形成，
教会孩子以一种积极乐观的
处事态度面对困难。
那并非是随遇而安和消极等待，
而是学会情绪转换，
发掘问题背后的正面资源。
这样所谓"坏事"就有可能成为一种"好事"。

第五章

心态养成

XINTAI
YANGCHENG

第21课

温柔提醒

——教孩子学会觉察

爱自然生命力体系林青贤先生主讲的“人生导师班”中提到“导师型父母的八大信念”，其中第一条就是“宇宙一直用温柔的信号在提醒我们”，我觉得这句话既适合家长，也适用于孩子，可谓一句家庭教育良言。

对于父母而言，孩子从来不是一开始就有很多问题行为的，孩子的问题行为是对父母问题教育模式的一种“提醒”。如果面对孩子的错误行为，父母总喜欢以罚代教，认为打骂孩子就是教育，这样简单粗暴的“教育”往往带给孩子恐惧、委屈、痛苦、憎恶等负面情绪，由此引发反抗，甚至是一系列极端报复行为。

2000年1月17日，在浙江金华，16岁高中生徐力因忍受不了学习成绩名次和家长的压力，用榔头砸死母亲，之后他移尸灭迹，还写字条欺骗父亲说母亲去杭州看病了，随后他居然照常去学校考试。

2006年1月，秦皇岛市一个16岁少年因向母亲要零花钱时遭到打骂，竟举起匕首将母亲送上了不归路。据小裴讲，父母管教方法过于粗暴，甚至有几次父亲差点儿把他的腿打断，因此生性倔强的他和父母的关系非常僵。

2018年12月2日，湖南益阳12岁男童吴某康因不满母亲管教太严，被母亲打后心生怨恨，持刀砍了母亲20余刀，致其母亲当场死亡。

对于孩子而言，父母通常也不会一开始就采用暴力模式，往往是在对孩子多次“警告”无效后才大打出手。

比如，有些孩子或许有这样的“被起床”经历：

“孩子，起床了。”父亲在客厅里喊。

孩子翻了个身，嘴里嘟囔了几句，没见动静。

“孩子，看看几点了？还不起床？”父亲走进了孩子的房间，对孩子嚷嚷。

“爸，我还想再睡一会儿。”孩子揉揉眼睛，打了个哈欠，继续睡。

“起来，再不起来我揍你啦！”父亲开始发出语言警告。

见孩子没有什么动静，父亲用手去拉孩子的被子，发出“肢任何一个严重后果发生之前，总会伴随着一系列由“小”到“大”的问题。

体警告”。

“让我再睡一会儿吧，就一会会儿。”孩子紧紧拽着被子，往床角缩。

“不打你就不起了是吧？”“啪”的一声，父亲的巴掌落在了孩子的屁股上，以示惩戒。

“哎哟，”孩子一下子跳起来，“你为什么打我？说了我不想起床！我不想上学！！”

“不起床是吧？好，我叫你不起床。”“啪！”（父亲继续打）“还敢不上学？”“啪！啪！……”父亲开始严厉惩戒。

“哇——”孩子哭了。

…………

首先申明，我们并不支持家长采用这样的方式来叫孩子起床，但如果孩子能从一开始就“听出”父亲言语的“提醒”，而不是采用“充耳不闻、消极对抗”的赖床方式，或许就能免受后面的皮肉之苦。

由此可见，任何一个严重后果发生之前，总会有一系列由“小”到“大”的问题（麻烦、痛苦、矛盾）作为“提醒”。无论是家长还是孩子，如果能觉察到彼此间的“提醒”，及时调整自己的行为，或许就不会有那么多亲子冲突事件发生。

当然，作为成年人，父亲应该理性地“解读”孩子的行为，面对孩子的错误时，先调整好自己的情绪，然后通过自己的言传身教，引导孩子从身边发生的（特别是带来痛苦感受的）人和事中发掘那些“温柔提醒”，从而避免更大的损失。

有一次，我和孩子同学的父母带着孩子们到户外露营。天色渐黑的时候，孩子非要和几个同学在外面草地上玩陀螺对战的游戏。我提醒孩子，玩可以，但不要拆装陀螺零件，以免遗失（我知道孩子们玩陀螺一般喜欢拆装零件以调整战斗力）。孩子答应了，但他回来的时候一副沮丧的样子。他告诉我说，在几局失利之后，他用一个攻击型的零件替换掉一个防御型的零件，结果虽然胜出，却发现那个防御型的零件不知道掉在哪里了。

我没有责怪孩子，关切地说：“我知道你很难过，那你希望我做什么呢？”

“我想你陪我一起去找找那个零件，可以吗？”孩子抬头看着我问道。

“当然可以。”我关切地点点头，“但是，从这件事中你学到什么？”

“我没有在意你的‘温柔提醒’，所以把零件弄丢了。”孩子说。

人教人学不会，只有以事教人，人才学会如何生活。

我抱了抱孩子，说：“我陪你去找，但如果没找到，我们不再买这个零件了，因为我们要记住这个‘提醒’，好吗？”

孩子点了点头，于是，我们一起去他玩过的地方找那个零件。虽然最终没有找到，但孩子还是很感激我，因为我不仅事前提醒了他，事后也帮助了他，他能感受到我的爱。通过承担后果，他学会了要保管好自己的东西。

有人说：“人教人学不会，只有以事教人，人才能学会如何生活。”我个人认为，这里指的“人”首先要是一个有觉察力的人，否则当他遇到那些不顺意的事只会向外求，或许一生都要在指责、抱怨、攻击、自怜中度过。

父亲培养孩子的觉察力，将困境与问题视为上天给我们的一种“信号”，会带给孩子以下收获：

一、越早收到“提醒”，就能越早觉察“问题”所在，及时做出改变，事情就会越早好转。比如，遗失了心爱的东西，那是提醒我们要学会保管好财物，以后就不会丢更加贵重的东西；身体有些不舒服，那是提醒我们要注意休息、营养，还要加强锻炼，以后就不会得大病；考试失分，那是提醒我们要认真细致，牢固掌握知识点，以后就能考更好的成绩……

二、“提醒”背后是一份爱，如果觉察到来自宇宙的“温柔提如果能从宇宙中时刻感受到“爱”，就会看到别人的苦，会生出怜悯之心。

醒”，就如同打通了一条感受宇宙之爱的管道，从此我们不再匮乏爱，不再需要向他人索取爱，没有了抱怨，将体验到无比的庆幸与喜悦。

对爱的感受力是人生一门主要功课，期待从他人那里获得爱，往往会让我们陷入深深的孤单感、挫败感，而如果能从宇宙中时刻感受到爱，就会看到别人的苦，会生出怜悯之心。比如，老师批评我们，能感受到这是老师的关心，是期待我们今后有出息，我们能感受到爱；同学指责我们，能感受到他的攻击背后是深深的求助，他期待获得我们的支持，因为我们在他生命中很重要……

这样一来，即使面对灾难，孩子都把它当成是上天的“温柔提醒”，每一次被“提醒”就被爱一次。我们如同给孩子安装了一个随身充电器，时刻让孩子能量满满。从此，他不再需要用方法和技巧解决问题，而是用爱化解问题，在温暖自己的同时，照亮他人。

第 22 课

最好安排

——教孩子学会转换

在我孩子读小学 3 年级的时候，他要参加一次全校的讲故事比赛，主题自选，别的孩子大多选择一些童话故事，而我推荐给孩子的是一个心理学的隐喻故事——《一切都是最好的安排》。

有个国王喜欢打猎以及与宰相微服私访。宰相最常挂在嘴边的一句话就是“一切都是最好的安排”。

一天，国王到森林打猎，一箭射倒一只花豹。国王下马检视花豹，谁想到，花豹使出最后的力气，扑向国王，将国王的小指咬掉一截。国王叫宰相来饮酒解愁，谁知宰相却微笑着说：“大王啊，想开一点，一切都是最好的安排！”国王听了很愤怒，说：“如果寡人把你关进监狱，这也是最好的安排？”宰相微笑着说：“如果是这样，我也深信这是最好的安排。”国王大怒，派人将宰相押入监狱。

一个月后，国王养好伤，独自出游。他来到一处偏远的山林，忽然从山上冲下一队土著人，把他五花大绑，带回部落。山上的原始部落每逢月圆之日，就会下山寻找祭祀满月女神的祭品，土著人准备将国王烧死。正当国王绝望之时，祭司忽然大惊失色，他发现国王的小指少了小半截，是个并不完美的祭品，收到这样的祭品满月女神会发怒，于是土著人只好将国王放了。国王欣喜若狂，回宫后叫人立即释放宰相，摆酒宴请，国王向宰相敬酒说："你说的真是一点儿也不错，果然，一切都是最好的安排！如果不是被花豹咬一口，今天连命都没了。"

国王忽然想到什么，问宰相："可是你无缘无故在监狱里蹲了一个多月，这又怎么说呢？"宰相慢条斯理喝下一口酒，才说："如果我不是在监狱里，那么陪伴您微服出巡的人一定是我，当土著人发现国王您不适合祭祀，那岂不是就轮到我了？"国王忍不住哈哈大笑，说："果然没错，一切都是最好的安排！"

为什么要让孩子讲这个故事呢？首先，它前后逻辑连贯，有助于训练孩子语言表达的逻辑性；同时，它情节起伏跌宕，有意想不到的诙谐、趣味性；最重要的是，它传递出一种信念：用积极的心态处世，永远看到事情背后好的方面。孩子靠讲这个故事，从参加学校初赛到区复赛，最后杀入全市决赛，一路过关斩将，虽然最终因为临场经验不足，以微弱比分差异获得“亚军”的成绩，但在接受主持人采访的那一刻，他用灿烂的微笑对着摄像师叔叔说：“我努力了，我相信‘一切都是最好的安排’，这次比赛让我得到了锻炼和成长，这比我能获得什么样的奖都重要。谢谢大家对我的支持！”那一刻，我非常喜悦和感动，不仅因为他能获奖，更重要的是他用这个故事“教化”了他自己。在接下来的日子里，每每遇到不顺意的事情发生，他总是习惯性地说：“一切都是最好的安排。”

我相信大多数父亲都希望孩子未来的人生是一帆风顺的，但正如那句“人生不如意事十之八九”，即使带着再美好的心愿，再怎么努力，我们也无法照顾、护佑孩子一辈子。当我们今后无法在孩子身边给予他思想和行为上的帮助时，我们能留给孩子的或许就只有心态上的指引——既然我们已经无法改变事情本身，那我们就调整对事情的看法。心态变了，行为就会改变，行为变了，结果就会改变。生活天天都是直播，没有重来的机会，问题发生了怎么办？抱怨、指责、懊悔、愤怒只会带来更大的烦恼，有时甚至会伤害人际关系。

在人的一生中所遭遇的困境和不解，在当下或许是难以接受的。但在过后某一时刻会突然觉得，这一切都是最好的安排。

一切都是最好的安排，是父亲教给孩子的一种积极乐观的处事态度。它并非随遇而安、消极等待，而是学会情绪转换，发掘问题背后的正面资源，以积极的心态去看待问题和解决问题，这样，所谓“坏事”就有可能成为一种“好事”。

印度有这样四句极具灵性的话：

1. 无论你遇见谁，他都是对的人；

2. 无论发生什么事，那都是唯一会发生的事；

3. 不管事情开始于哪个时刻，都是对的时刻；

4. 已经结束的，就已经结束了。

人的一生中所遭遇的困境和不解，在当下或许是难以接受的，但在过后某一时刻会突然觉得，这一切都是最好的安排。

今天，在我们周围，会看到一些因为遭遇不幸或者面对不如意就产生怨愤、攻击他人或自我贬损行为的孩子，让他们拥有“一切都是最好的安排”的心态将有助于减少甚至完全消除这样的不良行为。

例如，我在带青少年海外游学营的过程中，虽然会带大家领略美丽的异国风景，向大家讲述人生故事，但即使我们计划得再周密，也有很多不确定的因素，因此难免也会发生一些烦心事儿，有些甚至让人感觉很棘手：如因各种特殊原因，临时调整行程安排，住宿条件、餐饮口味差强人意……甚至孩子们自己也会出现错过集合时间、遗失物品或个别团队成员之间发生小摩擦等问题。为此，在出团第一天，我也会在旅行车上给孩子们讲这个《一切都是最好的安排》的故事。听完故事，再结合一些旅途中实际发生的事件，孩子都会有不同程度的收获。

记得有一次，我带孩子们在英国参观多佛白崖，临上车的时候，一个孩子突然发现自己的手机忘在海滩上了。我带着他返程去找，可在规定的集合时间到来前，还是没有找到。

上车以后，刚开始他有些沮丧，但过了几分钟，他自我安慰说："一切都是最好的安排。上天在提醒我，今后要保管好随身物品。"

看得出来，经过这件事情，他成长了，懂得为自己的行为负责。失去背后有一种得到——这种收获，远远超过那台手机的价值，不是吗？

面对困难和逆境，父亲可以教会孩子：不要懊恼，不要沮丧，更不要只看一时。把眼光放远，拓宽人生视野，不要自怨自艾，更不要怨天尤人，永远乐观、奋斗，相信天无绝人之路。

所有的丢失，都是为了珍爱之物的来临腾位置；

所有的匍匐，都是高高跃起前的热身；

所有的支离破碎，都是为了来之不易的圆满。

生命中的一切，我们都无须拒绝，笑着面对，不去埋怨。

遇到的人，善待；经历的事，尽心。

因为，一切都是最好的安排……

第 23 课

我即根源

——教孩子学会主动

在我带青少年海外游学营的过程中，我会给孩子们讲这样一个故事：

一位牧师正在为准备第二天的布道词伤脑筋，他的小儿子哭着嚷着要去游乐园。

为了转移儿子的注意力，牧师将一幅色彩缤纷的世界地图撕成许多碎片，撒落在客厅的地板上，对儿子说："如果你能把这张世界地图拼起来，我就带你去游乐园。"

牧师以为这件事需要花费大半个上午的时间才能完成。但不到 10 分钟，儿子便拼好了。每一片碎纸片都各就各位地排列在一起，整张世界地图又恢复了原状。

牧师很吃惊，问道："孩子，你怎么拼得这么快？"

"噢，"孩子回答，"很简单呀！地图的另一面是一个人的照片，我先把这个人的照片拼到一块，然后把它翻过来。我想，如果这个人拼对了，那么，这张世界地图也该是对的。您说呢？”

牧师忍不住笑了起来，决定马上带儿子去游乐园，因为儿子给了他明天布道的题目——“人对了，世界就对了”。

之所以讲这样一个故事，是因为团队中通常会遇到这样一类孩子，他们不太善于与同学相处，不是引发同学间的冲突，就是有一堆的抱怨。

其实不仅孩子如此，在我给成年人授课的过程中，也会听到一些学员诉苦，比如：

埋怨父母没有给自己创造一个好的环境；

控诉伴侣对自己不体贴，不理解自己的辛苦；

责怪孩子不体谅自己的付出与用心；

抱怨领导不给自己机会；

甚至对同学、邻居、同事或者路人甲乙丙丁都有各种各样的不满……

从这些言语中，我感受到说者的委屈、无助、焦虑和愤怒——如他们所言，命运对他们如此不公，使他们成了受害者，周围人会因为各种原因欺负他们、伤害他们、排挤他们。他们时常抱怨，觉因为每个人的内在世界不同，所以我们感受到的外在世界其实并不完全相同。

得自己没有选择，或者不能享受自由，受制于他人、物质等外因，而无法对自己的行为后果负起全然的责任。只有别人改了，他们才会好起来。

作为父亲，此时我们只需告诉孩子：“人对了，世界就对了。”

这里的“人”，不是别人，而是我们自己。正如心理学上我们常说的一句话：“亲爱的，外面没有别人，除了你自己。”因为每个人的内在世界不同，所以我们感受到的外在世界其实并不完全相同。

也就是说，我们虽然共同生活在一个客观世界，但我们其实是生活在自己的主观世界中——他人就像是由我们内心设计出来的“另一个自己”，投射出的只是我们内在感受所构建出的一些“虚像”。

有一个年轻人去买碗，来到店里，他顺手拿起一只碗，然后依次与其他碗轻轻碰去，碗与碗相碰时立即发出沉闷、浑浊的声响，他失望地摇摇头，然后去试下一只碗……

他几乎挑遍了店里所有的碗，竟然没有一只满意的，就连老板捧出的自认为是店里碗中精品的也被他摇着头失望地放了回去。

老板很是纳闷，问他老是拿手中的这只碗去碰别的碗是什么

当一个人内在爱不够的时候，我们对他人的认知，
通常只代表我们对他人的误解。

意思。

他得意地告诉老板，这是一位长者告诉他的挑碗的诀窍，当一只碗与另一只碗轻轻碰撞时，发出清脆悦耳声响的，一定是只好碗。

老板恍然大悟，拿起一只碗递给他，笑着说：“小伙子，你拿这只碗去试试，保管你能挑中自己心仪的碗。”

他半信半疑地依言行事。奇怪！他手里拿着的每一只碗都在轻轻地碰撞下发出了清脆的声响。他不明白这是怎么回事，惊问其详。

老板笑着说：“道理很简单，你刚才拿来试碗的那只碗本身就是一只次品，你用它试碗，那声音必然浑浊，你想得到一只好碗，首先要保证自己拿的那只也是只好碗……”

就像一只碗与另一只碗的碰撞一样，一颗心与另一颗心的碰撞也需要付出真诚才能发出清脆悦耳的响声。自己带着猜忌、怀疑甚至戒备之心与人相处，就难免得到别人的猜忌与怀疑。

爱自然生命力体系创始人林青贤先生曾经说过：“当一个人内在爱不够的时候，我们对他人的认知，通常只代表我们对他人的误解。”这就如同我们早上起床的时候照镜子，看到镜中的自己脸上有一个污点，这时我们努力去擦镜子是没有用的，唯一要做的是根

据镜子中的污点位置来擦拭自己的脸——因为，“我是一切问题的根源”！

或许有人会说：“这样是不是太武断了？难道我怎么想，就能决定对方的行为或者产生期待的结果吗？”

是的，我们的想法有时的确不能马上直接作用于他人，让对方按照我们的意愿行动（因为那与他的内在信念有关），但我们的想法可以直接作用于我们自身，让我们产生一系列的感受以及行为，而这些行为又将引起对方一系列的行为。

比如，当我们认为都是别人的问题，对方应当做出一些改变时（信念），我们会对对方产生期待（想法）。如果对方体会不到我们的期待或拒绝行动，我们会感觉到不舒服、失望、委屈、悲伤，甚至愤怒（感受），从而我们开始不满、抱怨、指责、攻击、怀疑（行为）。对方在面对我们这些行为时，通常也会产生一系列负面感受，进而开始对抗，结果问题更严重了。

父亲让孩子拥有“我是一切问题的根源”的信念，将有助于培养孩子以下这些好品质：

一、积极主动

既然“我是一切问题的根源”，那么解决问题一定要从“我”做起。如果将问题归结于他人，采取逃避、退缩、抱怨、指责的措人生犹如一场没有彩排的演出，我们就是这场演出的导演、编剧和主演，唯有积极主动，为自己的人生承担起百分百的责任，我们才能在舞台上绽放出生命的光彩。

施，期待他人首先做出改变，除了能让我们获得一时的心理安慰，并不能带来事情的改善，反而会徒增更多的烦恼，一旦错过时机，往往处处陷入被动之中。

人生犹如一场没有彩排的演出，我们就是这场演出的导演、编剧和主演，唯有积极主动，为自己的人生承担起百分百的责任，我们才能在舞台上绽放出生命的光彩。

有一次，我和孩子一起从一所小区的课外辅导机构出来，正急着赶往下一个培训点，但小区门口围了一堆人在争执。原来是一名司机希望把车停进小区，但门卫说该小区不向外来社会车辆开放，为此司机就开车堵门以示抗议。眼见小区内因被堵而滞留的人越来越多，有人开始起哄说要砸这位司机的车。看到这一幕，我问孩子："这个司机叔叔这样做，你感觉舒服吗？"（让孩子觉察自己的感受）

孩子说："不舒服，他影响了大家的通行。"

我又问："那你猜猜他为什么明明知道给别人带来不方便，还要这样做？"（引导孩子站在他人角度思考问题）

孩子说："可能他觉得里面有空位，就应该给他提供方便吧。但门卫的态度可能让他感觉不受尊重。他认为通过堵门，或许会让别人对门卫施压，从而放他进去。"

我说：“嗯，但他的行为让更多人被影响，大家这么生气，最后可能会发生什么结果？”（引发对结局的思考）

孩子说：“大家可能真的会砸他的车，甚至还会打起架来。”

“是的，”我说，“所以，他觉得门卫堵他，他就要堵别人。但其实是谁在给他‘添堵’？”

“是他自己。”孩子说，“爸爸，这就是您说的，一些人会把问题归结在别人身上，但他的行为才是导致问题的关键！”

“那么，我们该怎么面对他的堵门行为呢？”我会心一笑。

“我们从侧面墙垛绕过去吧！”孩子笑着说。于是，我们父子俩绕过争执的众人，从墙垛跳到了门外。

一个堵门事件让孩子学会了今后如何面对“添堵”的人和事。

二、自信与力量

如果认为导致问题的是他人，而他人又不受我们的控制，我们只会感受到失望、悲伤、焦虑与愤怒，何来拥有改变一切的信心和力量?

如同一个不会游泳的人，总觉得是游泳池有问题，却发现连续换了几个泳池都会呛水，他可能因此再也不敢下水；倘若他意识到是自己游泳技术不行，从此开始苦练游泳本领，今后不仅在游泳池，即使到江河湖海中都可以感受到如鱼得水般的酣畅淋漓，因为他已经拥有了这种自信和力量。

周末有空的时候我会带孩子去公园玩CS（反恐精英）枪战——这是一种靠激光“杀敌”的射击游戏：一群孩子穿上特制的“防弹”背心，拿着特制的“枪械”，在山坡、林地间追逐嬉戏。刚开始的时候，因为不懂要领，我儿子常常成为“靶子”，总是提前退出“战斗”。每次他走下“战场”，就会向我抱怨，不是说“枪械”不好用，就是说有几个“敌人”围攻他一个……对此，我微笑着说：“嗯，你总结得很好。知道吗？当年我们的解放军叔叔就是靠小米加步枪打败了拥有美式装备的敌人，靠巧妙的战略和战术配合，战胜了比自己强数倍的敌人。所以，胜负并不是完全依赖武器的优劣、人数的多寡，要靠这里！”我摸了摸他的头，接着说：“就像你们队里总有几个‘战斗’到最后的同学，他们是如何做到的呢？”受到我的启发，孩子再上“战场”时不再盲目“孤军深入”“冲锋陷阵”，而是观察队里几个“常胜将军”是如何进行“战术”配合的；即使再次败下阵来，他也不闲着，跑去找组织游戏的教官，咨询如何提高射击的准度……慢慢地，他“中弹”的次数越来越少，“击毙”的“敌人”也越来越多，后来也成为“战场”上的“常胜将军”，有些时候他还会教一些新队员如何配合。每当看到“战场”上的他猫着腰带着队友从我面前跑过，我总能从他自信的笑容中感受到一股力量。

三、学会反思

孟子说：“爱人不亲，反其仁；治人不治，反其智；礼人不答，反其敬。行有不得，皆反求诸己。”

意思是说：我爱别人而别人不亲近我，应反问自己的仁爱之心够不够；我管理别人而未能管理好，应反问自己的知识能力够不够；我礼貌地对待人而得不到回应，要反问自己态度够不够恭敬。任何行为得不到预期效果，都应反躬自问，好好检查自己。

当一个人的行动未得到对方相应的回应时，就应首先反躬自问，从自己身上找原因，并且“乐取于人以为善”。

如此，严于律己，时时反思，觉察力会得到极大的提升。

有一次我去托管班接儿子，刚一进门，儿子的一个同学就跑过来说：“峻豪爸爸，这次数学考试刘峻豪错了一道题，只打了95分，我是100分呢！”“哇，你这么优秀，你真是个爱学习的好孩子。”我一边微笑着对这个孩子说，一边关切地找寻儿子的身影，发现他正在墙角收书包，似乎有意在躲避我的目光。于是，我就当什么都没发生一样，和颜悦色地走过去。“走吧！好儿子，我来接你了。”我兴奋地对他说。儿子抬起头，用委屈和愧疚的眼神看着我，但或许发现我眼里满满的都是真诚的欣赏，他露出了感激和喜悦的神情……我们俩就这样默契地离开了托管班。出了电梯以后，孩子终于忍不住问：“爸爸，这次我只考了95分，你不怪我？”“当然不会，你是我的骄傲，任何时候都是！刚刚有人等着看你笑话，我怎么能让他得逞？而且，我看得出来，你对这个成绩也不满意。失分不算什么，让我们知道差距在哪里，下次努力就好了。”“爸爸，谢谢你！”孩子的眼里闪烁着感激。我用胳膊用力地夹了夹孩子的肩膀，半带调侃地说：“我只是很好奇，×××（那个同学的名字）为什么要当着我的面说你没考好呢？”“也许，”孩子若有所思地说，“是他妈妈老拿我的成绩和他的比，他可能感觉这次可以‘扬眉吐气’，给他妈妈一个好的交代了吧。”停了停，他似乎又想到什么：“也怪我，平常喜欢在他们面前表现，可能让他感觉不舒服了。”听他说完，我再次用力地抱了抱他，因为，那一刻，我感觉孩子赢得了比那5分更重要的东西……

四、不断超越

“人对了，世界就对了”阐述的是一种因果关系，这里“人通过对结果的分析和反思，我们就可以实现不断突破瓶颈，超越和完善自我。

（我）”是“因”，“世界（他人）”是“果”。

我们每个人身上都拥有一些不同的特质，即我们的“因”不同，当遇到外在相同的“缘”（机遇）时，每个人都会由不同的“因”而产生出不同的内在反应模式，心理学上称之为“制约”，进而产生不同的外在的“果”。

这些模式可能保护我们，也可能限制我们。通过对结果的分析和反思，我们就可以实现不断突破瓶颈，超越和完善自我。

以前，我觉得运动要花太多时间，很辛苦，而且如果不坚持就没什么效果，所以不太爱运动，受我的影响，我的儿子也不爱运动。但从 2018 年开始，由于感觉到讲课时身体有些吃不消，特别是看到一段 80 岁的王德顺老爷子还在他 50 岁时进健身房健身的视频后，我深受触动。于是，我也给自己办了一张 5 年的健身卡，还请了私人教练教我健身。记得第一次做体能测试时，我仅仅连续做了几个简单动作，就趴在地上大口喘气，心肺功能完全跟不上。不行，为了健康，为了给家人依靠，为了给孩子做榜样，为了能更加充满活力地站在讲台上授课，我一定要锻炼身体！我暗下决心。从那时起，我按照一周三次的频度开始去健身房锻炼，抱着“要想人前显贵，就得人后受罪”的决心，咬牙呐喊着完成教练制订的一个个训练任务……经过一年的锻炼，我的体能上去了，日常心率在60左右，而且成功减重9公斤，体脂率从24%降到16%，身形更加标准，精力也更加充沛。即使在讲课的日子，我也会晨跑3—4公里。看到我的变化和努力，孩子倍受鼓舞，也开始了锻炼，一有空就会和我去打羽毛球、跑步。现在，我们父子根本不用再“坚持”锻炼，因为每一次的锻炼时光都是对自己的奖赏。因为内在想法变了，所以外在的行为和形象也在改变，每天都会遇到更好的自己。

第 24 课

延迟满足

——教孩子学会自控

孩子“爱玩游戏”和“不爱学习”是令很多家长头疼的两个问题，而通常，这两个问题会同时发生在一个孩子身上。导致这种现象的原因当然有很多，其中一种观点认为：

游戏是一种“即时满足”的活动——孩子可以在短时间内取得成绩（得分），获得金币，赢得胜利、喝彩或获取装备，而且只需要进步一点点，孩子就很有成就感。

而学习是一种需要“延迟满足”的活动——孩子需要经过长时间的准备（预习、上课、做作业、复习、应考）才能有成绩。而且，除非各科成绩优异，否则，如果父母不懂家庭教育，平常吝啬于肯定、欣赏、赞美孩子的努力，甚至经常拿孩子的弱项和他人的长项相比较，就会使孩子产生深深的挫败感。

换而言之，游戏比学习能更快地满足一个孩子对成就感的

延迟满足能力的发展，是一个人完成各种任务、协调人际关系、成功适应社会的必要条件。

渴望！

所以，作为培养孩子规则意识和自律能力最重要的力量，父亲要在对孩子的培养中，有意识地训练孩子的“延迟满足”能力。

“延迟满足”是指甘愿为更有价值的长远结果而放弃“即时满足”的抉择取向，以及在等待中展示的自我控制能力。“延迟满足”能力的发展，是一个人完成各种任务、协调人际关系、成功适应社会的必要条件。“延迟满足”不是单纯地让孩子学会等待，也不是一味地压制他们的欲望，更不是让孩子“只经历风雨而不见彩虹”，说到底，是克服当前的困难而力求获得长远利益的能力。

提到“延迟满足”，不得不提那个著名的棉花糖实验。

1968 年，美国心理学家沃尔特·米歇尔在位于斯坦福大学的比英幼儿园主持了一项实验。有 32 名孩子成功参与了实验，最小的 3 岁 6 个月，最大的 5 岁 8 个月。

实验开始时，每个孩子面前都摆着一块棉花糖。孩子们被告知，他们可以马上吃掉这块棉花糖，但是假如能等待一会儿（15 分钟）再吃，那么就能得到第二块棉花糖。

结果，有些孩子马上把糖吃掉了，有些等了一会儿也吃掉了，有些等待了足够长的时间，得到了第二块棉花糖。

在那之后，先后有 600 多名孩子参与了这项实验。这项实验就是棉花糖实验，实验中孩子的能够等待的能力，被称为“延迟满足”能力。

这项实验最初的目的，只是研究孩子在什么年龄会发展出某种自控能力。

然而，在将近20年之后，1988年的跟踪调查却获得了意外的发现——

当年能够等待更长时间的孩子，也就是说当年“延迟满足”能力强的孩子，在青春期的表现更出色。

1990年第二次跟踪的结果提供了更多依据，比如，延迟满足能力强的孩子，SAT（美国高考）的成绩更优秀。

2011年，当初参加实验的孩子已经步入中年，他们接受了最新的大脑成像检查，结果发现，小时候“延迟满足”能力强的人，中年时大脑前额叶相对更为发达和活跃，而这个区域正是负责自控以及人类高级思维的区域。

我是在学习心理学以后才接触到“延迟满足”理论的，但实际上，我从小就是该理论的践行者和受益者。因为从小形成的“延迟满足”习惯，我的成绩一直比较优异。

小时候，为了能安心看下午六点半以后的动画片，我通常会在回家后的第一时间完成作业。因为通过比较，我发现“做完作业看动画片”和“看完动画片再做作业”虽然看似只是做事顺序的调整，却是两种完全不同的心态——前者带来的愉悦和轻松会促使下次高效地完成作业，而后者引发的焦虑和恐慌会造成进一步的拖拉。

正因为曾经受益，在培养孩子时，我特别注重训练他“延迟满足”的能力。

在孩子读小学2年级时，有一次孩子想买一个陀螺。我对他说：“如果马上买一个陀螺，我们只能买一个做工一般的；如果想买一个最酷炫的，必须等到期末考试结束以后。你选择哪个呢？”孩子想了想，选择等到考试结束以后买那个酷炫的。结果，考试前孩子过生日，同学的妈妈把那个酷炫陀螺作为礼物送给孩子。为此，我们又再次约定，每天可以看看那个陀螺，但不能拆开包装玩。就这样，孩子每天看看、摸摸陀螺就做作业……终于，在他考试结束后，如愿以偿地玩起了那个陀螺。

今天，孩子已经顺利地升入重点初中，他不仅成绩优异，更重要的是有良好的学习习惯——先完成作业再玩耍。我想这些与他从小训练“延迟满足”是有一定关系的。

在给孩子做“延迟满足”训练时，父亲需要注意以下几个方面：

一、先满足孩子基本的生理和心理需求

“延迟满足”的反面是“即时满足”，不论哪个走到极端，对孩子都是一种伤害。儿童时期是安全感培养的关键时期。所以要在正常的生理、心理需求得到满足的前提下，才能进行“延迟满足”的训练。这需要家长把握好内容和尺度。

4 岁以下的孩子大多不具备“延迟满足”的能力。

米歇尔本人的研究小组在 1992 年的报告中明确指出，孩子的年龄是一个重要因素。5 岁似乎是一条重要的分界线：4 岁以下的孩子大多不具备“延迟满足”的能力，而 5 岁以上的孩子就明显出现了主动延迟的早期萌芽。在针对更多孩子的研究中，发现大多数孩子在 8—13 岁的时期，都可以发展出一定的“延迟满足”能力，这一结论与最新的神经发育研究的结果相吻合。

二、让孩子有能力做到

设计适合孩子年龄和特点的活动，时间区间要适度。以能让孩子做到为目的，让孩子充分体验到成功，放弃“即时满足”就能得到更大的满足，才能让孩子习惯于这种成功。

三、家长要信守承诺

孩子是否认真玩这个“等待奖励”的游戏，关键看家长是否可

信。家长在日常生活中，方方面面、点点滴滴，不信口开河，不骗孩子，是这个游戏能进行下去的前提。

四、真正尊重孩子

做出什么样的选择，哪个更好、更有利，是孩子自己做出的判断；是否选择“延迟满足”，也是孩子自己做出的决定。作为大人，内心不要有预设的标准，先端正自己的心态，才能把这个游戏玩好。

通过“延迟满足”训练，父亲可以教会孩子：

生活总会给你答案，但不会马上把一切都告诉你。

所有的故事总会有一个答案，重要的是，在最终答案到来之前，你是否耐得住性子，守得稳初心。

不必急着要生活给予你所有的答案，有时候，你要拿出耐心。

即便你向空谷喊话，也要等一会儿，才会听见那绵长的回音。

回报不一定在付出后立即出现，只要你肯等一等，生活的美好，总在你不经意的时候，盛装莅临。

第 25 课

笑看得失

——教孩子学会放下

近年来，中国未成年人自杀或者准自杀行为逐年增多。特别是在每年高考结束时，我们常常会被这样一些新闻报道震惊：

2010 年广州一男生在乡镇复读，深夜进入医院 12 楼，砸碎玻璃纵身跳楼。

2013 年四川崇州市一名复读女学生，因无法接受高考成绩离本科线只有 6 分之差的事实，选择了割腕、喝农药结束自己的生命。

2014 年在查询高考成绩以后，来自合肥的一名女生懊恼于成绩，随即从 24 楼坠楼身亡。

2015 年海口一考生自杀。

2016 年乌拉特前旗考生在紫东建材城跳楼自杀。

2017 年辽宁省朝阳市的一名 22 岁高考复读生轻生跳楼。

2018 年河北平泉一考生因抑郁，在早晨跳楼身亡。后来得知，这名考生已经是第三次报名参加高考，却在6月7日高考前夕就坠楼身亡。

…………

不仅如此，一项官方调查显示：

上海有24.39%的中小学生曾有一闪而过的结束自己生命的想法，认真考虑过该想法的也占到15.23%，更有5.85%的孩子曾计划自杀，并有1.71%的中小学生自杀未遂。另外一项调查发现，将近1/3的在校大学生曾有过自杀念头。北京大学生自杀率在十万分之九至十万分之二十四之间，即自杀死亡已占至大学生非正常死亡的61.38%。

在中国儿童自杀原因的排列中，学习压力过重占第一位（45.5%），其次为早恋（22.7%）、父母离异（13.6%）。

一个个鲜活的生命，在花季就这样戛然而止，让人不禁扼腕叹息。我们知道每一个选择结束自己生命的孩子背后，都有他们认为“过不去”的坎，但如果他们能得到周围人多一些的支持和理解，特别是来自身边父母的接纳与疏导，或许又是不一样的结果。

2019年6月25日，一条抖音短视频火速蹿红。一天之内，该短视频浏览量突破1600万，单条点赞超过52万，互动评论达2万多条。

泉州永春人姚先生的女儿就读于永春某中学，参加2019年高考。6月25日上午，高考成绩发榜，他一查发现女儿只考了349分。曾当过老师，做过电视台记者，如今创业开影视公司的姚先生，随即制作了一条鼓励女儿的抖音视频，在视频中，姚先生对女儿说："条条大道通罗马！人生的道路还很长！读大学不是唯一的出路！爸爸陪你一起努力！"视频内容只有短短8秒画面，配上寥寥数语，在背景音乐的烘托下，父女深情溢于屏幕之上，令人十分感动。

"孩子本身学习基础就不是很好，一下子考砸了，她自己也很难过！"姚先生说，"每年高考，千军万马过独木桥，总有人挤不过去的。这个时候，孩子们心理十分脆弱，更需要家长的陪伴和安慰！"

姚先生称，平常教育孩子时，一直给她灌输人要有"三颗心"的理念——"学习中要有上进心，面对失利要有平常心，对社会、学校、家庭怀有感恩之心"。他表示，只要人生观、世界观正确，尽管在高考中失利，也只是暂时失败，并不能代表今后人生道路的成功与否。

"不同的人，能力各异，尽管没考上理想的学校，也千万不要灰心丧气，可以先选读大专院校！"他深有感触地说，"条条大道通罗马，在今后的学习生活中，通过自己的努力拼搏，也有人生道路漫长，对于一个十几岁的孩子而言，未来选择存在许多不确定因素。

机会考上本科，人生精彩，要靠自己把握，这也是我发这条抖音的初衷与目的！”

人生，不止于一场高考，高考只是我们人生中的一次机会，并不是终点。

人生道路漫长，对于一个十几岁的孩子而言，未来选择存在许多不确定因素。作为父母，尤其是父亲，不能因为孩子的一次失败，就给他的人生定调、定性。相反，面对高考失利的孩子，父亲“笑看得失”的豁达与洒脱，以及带给孩子的力量感，会帮助孩子从“阴影”中走出来，取得今后人生中一个又一个的成功。

在我读中学的时候，有个同学成绩一直名列前茅，按照他当时的实力，完全可以考取全国数一数二的重点大学。然而，造化弄人，因为当时估分不准，志愿填报失误，最终他仅被我们当地一所三本大学录取。在收到录取通知的那天，他父亲什么也没说，而是带着神情沮丧的他去爬山……

令人欣慰的是，他进入大学后没有因此沉沦，当周围的同学四年都在吃喝玩乐、谈恋爱、找工作时，他积极认真地筹备考研，最终在大四毕业时，以优异的成绩考取了外省一所985大学的研究生，进入了他期待已久的学校。

研究生毕业后，他进入了一家非常著名的航空公司担任法务工作，通过数年的努力，他成了公司高管。

在一次同学聚会中，他不无感慨地说，他感谢那年的“误填志愿”，因为经历了那件事情，他再也没有了傲气，使他后来无论在读书时还是工作中都始终恪守“谦卑低调”的行事风格，从而赢得大家对他的支持和尊重。更重要的是，在那天的爬山过程中，他父亲让他体会到，无论遇到什么“绝境”，换条路终可到达山顶；在登顶以后，不要就此止步，因为那只是一个新的开始，更高的山还在前方，登上另一座更高的山，就能看到更广阔的风景。

路遥曾在《平凡的世界》中写道：“在这个世界上，不是所有合理和美好的都能按照自己的愿望存在或实现。”

作为父亲，也许大多数人都希望孩子的成长道路是“扶摇直上”“平步青云”的，但上天经常会给我们开一些不大不小的玩笑，在“春风得意”时突然来一个“向隅而泣”，在“山重水复”时突遇“柳暗花明”。

人生就是这样一场修行与历练，父亲需要从“战略”的高度培养孩子“笑看得失”的良好心态，这将有助于孩子从容面对生活的机遇与挑战。

人生就是这样一场修行与历练，父亲需要从“战略”的高度培养孩子“笑看得失”的良好心态，这将有助于孩子从容面对生活的机遇与挑战。

父亲可以带着孩子多到户外去走走看看，让他们体会到：水到绝境是风景，人到绝境是重生。当人生在面对前方无路可走的情况时，不如学会后退一步，或许就能遇见其他的路。

正如漫画家郑辛遥说的：“在路走完的时候，并不意味着到了路的尽头，而是提醒我们是时候转弯了。”

人生就像一条河流，不断回转蜿蜒，才能克服崇山峻岭，汇集百川，成为巨流。

人在低谷时，父亲的指引是一剂强心剂，让孩子触底反弹。

人在高峰时，父亲的影响又是一碗醒酒汤，让孩子淡泊名利，心如止水。

“虎父龙子”是武术界、影视界从20世纪90年代开始对陈同山和释小龙这对父子公认的赞誉。1994年，刚满5岁，释小龙的首部电影《笑林小子》便一举刷新了台湾票房纪录。随后，释小龙相继主演了《新乌龙院》《中国龙》《无敌反斗星》《赌圣2》《十兄弟》等10余部动作电影，其侠义诙谐、萌化人心的形象让无数影迷为之痴狂。

2003年，陈同山在释小龙的演艺事业如日中天的时候突然做出一个惊人决定——送他去国外读书，这让很多影迷和同行颇为不解。

人生就是一个口袋，里面装的东西越多，前行的脚步就越沉重。

“其实一是想让他静下心来好好读几年书，二是让他从小多学习和接触些国外文化，与国际接轨。中国文化如果仅仅在国内宣扬，不去更多地走出国门，那么世界对武术的认识永远都只是一知半解。”

回顾起对儿子近30年来的培养和规划，陈同山说，如果孩子在人生的初始阶段，影视、武术表演方面的能力很突出，而你却有意忽视这一点，偏让他把全部时间都用于文化课学习，那就等于是湮没了他的天赋，这一阶段耽误的文化课，随后其实是有时间和机会再学习的。

“人的一生会遇到不止一次的好机遇，能抓住一次就很好，如果每次机遇都把握得过于滴水不漏，那也会限制和妨碍人的发展。”陈同山说。

人生就是一个口袋，里面装的东西越多，前行的脚步就越沉重。

因此，学会释怀，看淡看远，与这个世界握手言和，才能向美好的生活出发。

走到生命的哪一个阶段，就该喜欢那一段时光，完成那一阶段该完成的职责。不被曾经的拥有牵绊，既不沉迷过去，也不狂热地期待着未来。诚然，生命是一趟单向的旅程，也许我们无法决定沿途的风景，但我们可以选择观看风景时的心情：

山有峰顶，海有彼岸。

漫漫长途，终有回转。

余味苦涩，终有回甘。

就像林清玄先生说的那样："一尘不染不是不再有尘埃，而是尘埃让它飞扬，我自做我的阳光。"

心大了，大事就小了；心小了，小事就大了。

生命匆匆，放下了执念负累，淡看世事沧桑，心才能风清月朗，安然无恙。

"温柔提醒"让孩子学会觉察，获得无尽力量；

"最好安排"让孩子学会转换，发掘正面资源；

"我即根源"让孩子学会主动，总结自身原因；

"延迟满足"让孩子学会自控，聚焦长远目标；

"笑看得失"让孩子学会放下，开启新的征程。

后记

因爱相遇，因缘重逢

要孩子是为了什么？传宗接代？养儿防老？

看到书里一个很令人感动的答案——

“为了参与一个生命的成长，不用替我争门面，不用为我传宗接代，更不用帮我养老。

我只要这个生命存在，在这个美丽的世界走一遭，让我有机会和他同行一段……”

多么美丽的答案呀！

是的，参与一个生命的成长！

作为男人，当我们站在产房里或产房门口，见证孩子出生，成为爸爸的那瞬间，或许是这辈子最美好的记忆之一：当我们第一次看着那个小人儿出现在我们面前时，千言万语化作欣喜和感动的沉默；还记得我们抱起孩子时的小心翼翼吗？面对这样柔软的小生命，纵使铁汉也充满柔情。或许很多爸爸在第一眼看见宝宝时，都有一个雀跃又疑惑的念头——这就是我的宝宝吗？或许我们还会像签收包裹一样，恨不得把他翻来覆去地检查一遍，看看是否“零件”齐全，当发现他四肢健全、五官端正时，我们感恩戴德，谢天谢地，发誓要一辈子好好将他抚养长大……

从看到他咿呀学语，到蹒跚学步，直到有一天他用稚嫩的声音叫我们一声“爸爸”，那一刻我们感觉那是世界上最好听的声音。还记得他扑向我们怀里时那种依恋和温暖的感觉吗？我们就是他值得信赖的大山，今后为他遮风挡雨的那个人。我们举起他的时候，把他放在肩膀的时候，推着他荡秋千的时候，看他玩滑滑梯的时候，陪他坐跷跷板的时候，他的笑声像清泉一样，涤荡着我们的内心——他就像一个小天使，给我们带来欢乐。多少次，他玩累了，趴在我们背上，幸福地睡去；多少次，他握着我们的大手，抬头看着我们，满眼充满了崇拜的光，那是一个生命对另一个生命的敬畏。或许，我们也曾双目对视，在彼此闪亮的眼眸中，看到自己的样子。

当然，有些时候，他也会制造一些小麻烦，或者做一些恶作剧，比如：把水弄得满地都是；把玩具拆成一堆零件；或者拿着彩笔到处画，连他的脸上、手上、腿上也不放过；或者在我们最忙的时候，他非要坐到我们的腿上，在我们的电脑键盘上胡乱地敲；有时看到我们睡在那里，他就悄悄靠近我们，突然对我们耳朵大叫一声，或者把他的小脚丫放在我们的鼻子边，直到把我们弄醒，然后咯咯地笑着跑开……

终于，他读书了，每天在我们骑车或者开车送他上学的路上，他总有那么多的问题要问我们，他用好奇的眼神观察着这个世界。于是，我们把他带向户外，带他领略高山、大河、湖泊、海洋，接触各种动植物，让他在玩耍中成长。那时，我们又成了他渴望一口气读完的百科全书。在他和同学、朋友发生冲突的时候，在他被老师误会的时候，如果我们像英雄一样地站出来，让他感受到力量、安全与信任，他会倍感荣耀，并大声地说“这是我爸爸”；在他取得优异成绩或者进步的时候，我们给予他鼓励的掌声；在他遇到困难，遭遇失败的时候，我们用无比信任的眼光注视着他，给他打气；甚至，即使我们不在他身边，只要想到我们，他就会重新燃起斗志，调动一切资源，迎难而上。我们用自身的行动，教给他的不仅仅是知识，更是做人的道理——做一个正直的人，做一个充满勇气、力量与担当的人，做一个有独立思想的人，做一个有益于社会和国家的人。

他长得更大了，身高已经远远超过了当年门框上画着的那条红线，他自豪地对我们说：“爸，看我长个儿了。”我们无比欣赏地看着他，就像欣赏自己亲手雕琢的一件作品。当然，比起他外在的成长，他内在的进步更加让我们感觉到做父亲的欣慰。我们知道，这件精雕细琢的作品，有一天会公之于世，可能从那时开始，我们见面的机会会越来越少，但只要我们知道，他在做着令自己开心的事情，做着对自己、他人和社会有益的事情，我们就会感到满足，因为他虽然经由我们来到这个世界，但他并不属于我们，我们对这个世界的贡献，可以经由他而延续。

我们相信，有一天，当他成为别人的丈夫和父亲，他会用相同或者更好的方式，去爱着他的妻子，抚养好他的孩子；她会用她特有的魅力，吸引到一个像父亲一样成稳、有爱、负责任的男人成为她的丈夫，经营好她的家庭，养育好她的孩子。他们都将拥有幸福的家庭和理想的事业，以荣耀父母的方式，来回报从父母那里获得的爱。

当然，在他成长的道路上，我们也曾因为无知，犯过一些错误，因为工作的艰辛，我们缺少过一些陪伴。但请原谅，这是我们第一次做父亲，我们也一直在学习，我们已将所能获得的最好的全部给他，那不仅是外在的物质，更多的是内在的精神。虽然，有些时候是用惩罚，或者是看着他去犯错的方式，因为我们知道，有一天，他终将独立，今天从惩罚和犯错中吸取的教训，可以让他走好未来的道路。在他流汗的时候，我们在流泪；在他流泪的时候，我们在流血；在他流血的时候，我们已经做好了献出生命的准备。但我们不会也不想让他知道，我们会一直默默地守护他，不管那时我们是否存在于这个世界。

当然，我们也明白，他是第一次做孩子，他也会犯错，也在学习。他在尽一切可能让我们看见，赢得我们的肯定、欣赏、赞美与认可，他用他的方式，维系着这个家庭的和谐，用叛逆和对抗提醒我们多一分理解，少一份控制；用勤奋和努力，来回报我们正确的爱。有一天，当他的梦想被点燃的时候，他会无比坚定地前行，并在取得成功的那一刻，将他的喜悦分享给我们。我们将成为他最忠实的“粉丝”，看到他比我们优秀，是让我们最骄傲的事情。

感恩生命中的一切遇见，今生，我们因爱相遇，因缘重逢，彼此选择成为父子/父女，那么，就让我们一起成长，相互接纳，成为更加美好的自己！